VTJ
旧約聖書注解

コヘレト書

小友 聡◉著

Vetus Testamentum Japonicum

日本キリスト教団出版局

「VTJ 旧約聖書注解」の刊行にあたって

大小39の書からなる旧約聖書の成立はキリスト教よりも古い。そこには歴史書があり、預言書があり、詩歌があって、多様性に富む。と同時に、古代イスラエルの民の間に育まれた確乎とした唯一神信仰がその全体を貫いている。

旧約聖書を残した古代イスラエルの民は、古代西アジア文明世界の辺境に歴史を刻んだ一弱小民族にすぎなかった。南の大国エジプトと両河地域に興亡するアッシリア、バビロニア、ペルシアなどの帝国とのはざまで、彼らは翻弄され続けた。その後も、ときにエジプトのプトレマイオス朝の、ときにシリアのセレウコス朝の支配下におかれた。古代西アジア文明史からみれば、古代イスラエルは、政治・経済面はおろか、物質文化という面においても、見るべきものを何ひとつもたなかった。ところが、彼らがまとめあげた旧約聖書は、後のユダヤ教の基礎となり、そこからキリスト教が誕生し、イスラム教にまで多大な影響を及ぼしたのである。人類の精神史に旧約聖書が果たした役割は計り知れない。

旧約聖書とは、いうまでもなく、新約聖書の存在を前提にしたキリスト教側からの呼称である。旧約聖書のヘブライ語（一部アラム語）原典を伝えたユダヤ教徒はこれをミクラー（miqrā'）もしくはタナハ（TaNaKh）と呼びならわす。前者は「朗読すべきもの」というほどの意味、後者はトーラー「律法」、ネビイーム「預言者たち」、ケトゥビーム「諸書」の冒頭の子音を並べ（TNK）、これに補助母音を付した造語である。ヘブライ語聖書はこの順序で構成されている。「律法」は創世記から申命記までの五つの書、「預言者たち」とはヨシュア記から列王記下にいたる「前の預言者たち」（但し、ルツ記は除く）と、イザヤ書からマラキ書にいたる「後の預言者たち」(但し、哀歌とダニエル書は除く)を指す。残りの書は「諸書」として一括された。

キリスト教会はこのユダヤ教の聖書を自らの聖書として受容した。これをイエス・キリストを預言し、証しする神の言葉として受けとめたのである。ルカ福音書には、復活したイエスの言葉として「わたしについてモーセの律法と預言者たちと詩編に書かれたことはすべて成就する」と伝えられる(ルカ 24:44)。「詩編」は「諸書」を代表する。

新約聖書における旧約聖書の引用は、おおむね、「七十人訳」と呼ばれる旧約聖書のギリシア語訳から採られている。古代キリスト教会ではギリシア語訳の旧約聖書がひろく用いられた。中世期にはラテン語版が標準とされた。それらは配列においてヘブライ語聖書と異なる。今日のキリスト教会で用いられる翻訳聖書はラテン語版の配列を踏襲する。そこにはヘブライ語聖書にない書も含まれる(新共同訳聖書の「旧約聖書続編」)。

このように、旧約聖書には、一方に、ユダヤ教が伝えたヘブライ語聖書の伝統があり、他方に、キリスト教会の伝統がある。しかし、19 世紀に近代の学問的方法に立つ聖書学が確立してからは、旧約聖書学はヘブライ語原典を研究の中心に据えるようになった。「七十人訳」をはじめとする古代訳聖書は補助手段として用い、ヘブライ語原典をいかに正確に理解するか、ということに重点がおかれてきた。ヘブライ語原典を正確に理解するといっても、語彙研究から思想研究まで、いくつもの段階が存在する。

第一は、聖書ヘブライ語の本文研究。ここでは、語形・語根を確認し、同一ないし類似の表現を関連文書中にたずね、語句の意味を確定することが基本となる。ヘブライ語原典には語彙や文法の点で不明な箇所が少なくないのである。その点では、古代訳との対照作業も重要であれば、古くからのユダヤ人学者の貢献もある。加えて、楔形文字資料をはじめとする、19 世紀中葉以降に発見された文書に基づく、比較セム語研究の成果も無視できない。

第二は、歴史的、文化史的研究。ヘブライ語聖書の背後には古代西アジアの文明・文化が控え、各文書はそれぞれに時代史的背景をもつ。そうした歴史的、文化史的背景は、19 世紀後半から急速に発達してきた古代オリエント学によって明らかにされつつある。また、パレスチナにおける遺跡の発掘調査は、旧約聖書時代の日常生活に大きな光を当ててくれる。

第三は、文献学的研究自体の展開である。聖書文献学は、各文書・各単元の文学形態を見定め、それらが語り伝えられた経緯を見据えようとした。一定の文学形態をもつ文書や単元はどのような場で語られ、それらがどのように伝承されたのか、と問うたのである。最近では、各文書がまとめられ、編集されて、今日のような形態をとるまでの経緯を見きわめようとする。それに加え、各単元の文学構造の共時的分析も行われるようになった。

第四に、こうした研究が積み重ねられるとともに、当該文書や単元にこめられた思想と信仰にも関心が注がれる。旧約聖書が人類精神史に及ぼした影響力の秘密もそこにあった。思想と信仰を考察するには、少なくとも二つの視点がある。ひとつは、当該文書や単元にこめられた思想や信仰がどのような特色を示し、それが旧約聖書のなかでどのような位置を占めるのか、という視点。もうひとつは、それが後のキリスト教（またユダヤ教）の思想と信仰にどのように関わるのか、という視点である。このような思想と信仰の考察は研究者自身の思想的・信仰的立場と無関係ではありえない。

旧約聖書学はこれまでも、これらすべての段階で、夥しい研究を蓄積してきた。学問的であろうとする「VTJ旧約聖書注解」には、これらの研究成果が生かされる。そのために、姉妹版である新約聖書注解シリーズ（NTJ）と同じ形式をとることにした。

はじめに、単元ごとに本文の【翻訳】が掲げられる。そこには、上記第一の研究が生かされる。続く【形態／構造／背景】は、第二、第三の研究成果を踏まえた記述になるだろう。【注解】では、節ごとの翻訳説明に加えて、各節の伝承や編集に関する議論も加味される。【解説／考察】には、注解者による思想と信仰の理解が披瀝されるだろう。内容は高度、記述は平易であることを心がける。

このような本注解シリーズが、現代の北東アジアという文化的脈絡のなかで、人類の精神史に多大な影響を及ぼしてきた旧約聖書の思想と信仰の、ひいては旧約聖書を正典とするキリスト教信仰とその共同体の新たな可能性を探るよすがのひとつになれば、と願っている。

2017 年 11 月

「VTJ 旧約聖書注解」監修者

月本　昭男（上智大学特任教授）

山我　哲雄（北星学園大学教授）

大島　　力（青山学院大学教授）

小友　　聡（東京神学大学教授）

凡　例

1、本書が引用する聖書の翻訳は、断りがない限りすべて著者の私訳である。

2、参考文献は、本文中で（著者名　出版年：該当頁）を略記し、巻末の文献表に詳細な書誌情報を掲載した。

3、聖書の書名の略語は、『聖書　新共同訳　旧約聖書続編つき』に準拠した。辞書・事典類、雑誌、シリーズ類等の略号については「参考文献」の冒頭に示した。

VTJ 旧約聖書注解

コヘレト書

目　次

装丁　熊谷博人

緒　論

「空の空、空の空、一切は空である」(聖書協会共同訳)。コヘレト書冒頭の一節である。以前には「伝道の書」とも呼ばれたこの書は不思議な魅力を放つ書である。創世記やイザヤ書、詩編、ヨブ記などに比べると、章数も少なく、旧約文書の中でまったく周辺の一文書ではあるが、読者を惹きつけるものがコヘレト書にはある。文豪ヘミングウェイの『日はまた昇る』はこの書の一節に由来する。晩年の神学者ボンヘッファーは『獄中書簡』の中で、この書に親しんだことが知られている。数年前、ある雑誌で、「聖書の中でどの書が好きか」というアンケートがあって、その中でコヘレト書を挙げた文化人が1割強にのぼった。聖書66巻の中で、新約を選ばず、旧約の、しかも周辺文書のコヘレト書がこれほどに愛好されるのである。この書は現代においても光を放っている。

このコヘレト書をVTJシリーズの一書として筆者が注解することになった。これについては特別な思いがある。

私たちは2011年の東日本大震災を経験し、今日なおその痛みとやりきれなさを背負い続けている。その私たちの信仰の基である聖書の読み方は、震災以前とは異なるものになった。それまで読んできたような、通り一遍の読み方で私たちは聖書を理解することはできなくなった。コヘレト書は旧約聖書の周辺の一書にすぎないが、このコヘレト書を新たに読み直すことが筆者に与えられている課題である。本注解はそれに取り組む。課題に取り組むとは言っても、コヘレト書を主観的に読み込むことで課題を果たすことにはならない。筆者は聖書学的にきちんとした展望をもってこの課題に着手する。本注解におけるコヘレト書解釈は、その展望において、これまでとはまったく異なる新しいものである。それをまず読者の皆さんに伝える。コヘレト書が今日、新たに読み取れるということを本注解において明らかにしたい。そこで、コヘレト書がどのように理解され、どのように読まれるべきかを説明するために、まずコヘレト書について研究史的な総括をしておこう。

「コヘレト書」という書名はすでに定着した「コヘレトの言葉」とは異なるものである。しかし、それは本書がコヘレトの「言葉」の単なる羅列ではなく、たとえば「ダニエル書」がそうであるように、「コヘレト書」という統一性を有した書であるという認識に基づいている。これに違和感を抱く人もいるかも知れないが、どうか御了解いただきたい。

以上を前置きとして、本注解の緒論を始める。まず、コヘレト書がどのように理解され、どのように読まれるべきかを説明するために、コヘレト書について研究史的な総括をしておこう。

書名と位置づけ

12章から成るコヘレト書は、ヨブ記と共に後期知恵文学に属する書と見なされる。ユダヤ教では諸書に属し、ルツ記、雅歌、哀歌、エステル記と共にいわゆるメギロート（五つの巻物）に含まれる。この五つの巻物はそれぞれにユダヤ教の祭りと関係し、コヘレト書は仮庵の祭りの際に朗読されるという伝統がユダヤ教にはある。それは、荒れ野の旅を追体験する仮庵の祭りが、飲食の楽しみを記すコヘレト書と内容的に呼応すると見られたからであろう。けれども、これはコヘレト書が成立した以後のユダヤ教の解釈的伝承に関係しており、コヘレト書成立の経緯を説明してくれない。

「コヘレト書」（新共同訳では「コヘレトの言葉」、口語訳では「伝道の書」）という書名は、ヘブライ語聖書の表題「コヘレト」に由来する。これは動詞カーハルのカル形分詞女性形である。このような分詞女性形は旧約では職務や職能と関係する（エズ 2:55, 57; ネヘ 7:57 参照）。カーハルは「集める」あるいは「集まる」を意味するので、コヘレトは「集会を司る者」ということになる。集会を司る者は「説教者」をも示唆する（ドイツ語ルター訳の書名は「説教者ソロモン」）。ギリシア語七十人訳はコヘレトというヘブライ語を Ἐκκλησιαστής エクレーシアステースと訳した。これは集会者（の書）という意味である。かつての口語訳で親しまれた「伝道の書」という訳語もこの延長線上にあると理解できる。なお、表題「コヘレト」が集会とは関係せず、（格言を）「収集する者」とする解釈（J. L. クレンショウなど）も成り立つ（12:9 参照）。だが、この解釈は七十人訳以降の解釈の伝統とは異なる。

七十人訳の伝統を継承したキリスト教会は、コヘレト書を箴言と雅歌の間に置く。これは、箴言も雅歌もその冒頭にソロモンの著者名が付いている知恵文書であるゆえに、コヘレト書も同様にソロモンに由来すると理解されたからである。しかし、後で述べる通り、コヘレト書が実際にソロモンによって記されたとは今日、一部の学者を除いて考えられてはいない。

構成と統一性

コヘレト書は内容をつかみにくい難解な書である。極めてラディカルな思想（例えば、「すべては束の間である」）と伝統的な思想（例えば、「神を畏れる」）とが混在しているために、従来、内容と構成に不統一が指摘された。けれども、1990 年代以降、コヘレト書の全体に統一性を見ようとする研究書が次々に刊行された。これらは、いずれもコヘレト書に一貫した論理や思想の筋道を見ようとするものである。まず、何よりも先に言うべきことは、1:2 と 12:8 は「すべては束の間である」という共通の表現によって全体の枠組みを形成していることである。1:1 の表題「ダビデの子、エルサレムの王、コヘレトの言葉」と 12:9–14 のコヘレト自身について紹介するエピローグは、構造的に対応していると考えることができる。著者はコヘレト自身であるか、編集者の手がどこまで入っているかという問題は残るとしても、本書全体を意図された統一体と見ることは十分可能である。まず N. ローフィンクの構成モデルを紹介する。

1:2–3	枠組み
1:4–11	宇宙論（詩文）
1:12–3:15	人間論
3:16–4:16	社会批判（Ⅰ）
4:17–5:6	宗教批判（詩文）
5:7–6:10	社会批判（Ⅱ）
6:11–9:6	イデオロギー批判

9:7–12:7　　倫理（末尾に詩文）
12:8　　枠組み

N. ローフィンクは表題と後書きを除いた部分（1:2–12:8）を回文（Palindrom/palindrome）的な全体構成と見て、「宗教批判」（4:17–5:6）を核とする見事な集中構造を指摘する。これに対して、L. シュビーンホルスト・シェーンベルガーが提案する構成モデルは次のようなものである（F. J. バックハウスもほぼこれと同様）。

1:1　　表題
1:2　　枠組みと中心主題「ヘベル」
1:3–3:22　　叙述（導入 propositio）
4:1–6:9　　展開（説明 explicatio）
6:10–8:17　　弁護（論駁 refutatio）
9:1–12:7　　適用（応用 applicatio）
12:8　　枠組みと中心主題「ヘベル」
12:9–14　　二つの後書き

枠組み部分を除いた本体部分（1:3–12:7）が四つに分かれ、それがヘレニズム時代の修辞学の基本概念で説明される。このモデルもまたコヘレト書の構造的統一性をうまく説明している。以上はドイツ語圏の構成モデルだが、英語圏ではC. L. シアウのモデルが知られている。それは次のようなものである。

1:1　　表題
第一部
I. A.　　省察：すべては儚く、頼れない
I. A. 1.　1:2–11　　序文
I. A. 2.　1:12–2:26　頼れるものは何もない
I. A. 3.　3:1–22　　すべては神の手にある
I. A. 4.　4:1–16　　比較的良いものは十分良いものではない

I. B.　倫理：不確かさに向き合う

I. B. 1.　4:17–5:6　神の前での態度

I. B. 2.　5:7–6:9　貪欲でなく、喜び

第二部

II. A.　省察：すべては捉えきれない

II. A. 1.　6:10–7:14　何が良いかは誰も知らない

II. A. 2.　7:15–29　正義と知恵は捉えきれない

II. A. 3.　8:1–17　ままならぬ世界

II. B.　倫理：危険と死に向き合う

II. B. 1.　9:1–10　生を楽しめ

II. B. 2.　9:11–10:15　世界は危険で満ちている

II. B. 3.　10:16–11:6　危険と共に生きる

II. B. 4.　11:7–12:8　結論

12:9–13a　後書き

12:13b–14　付加的部分

シアウのモデルは、コヘレト書全体を前半と後半に分け、それぞれ省察Reflectionから倫理Ethikという展開で構造を捉えるものである。シアウもまた修辞学的文書としてコヘレト書を説明しようとしている。

以上、近年の代表的な三つの構造モデルを示したが、いずれのモデルにおいてもコヘレト書はきちんとした構造を有することが説明される。このような統一性を考える最近の研究傾向をないがしろにしてコヘレト書を解釈することはできない（筆者の構造理解については後述する）。

著者および編集の問題

著者がコヘレトと呼ばれる人物であることは否定できない。その場合、コヘレト（集会を司る者）はニックネームのような名称と理解されてよい。コヘレトは知恵の教師である（12:9）。語りの対象（読者）は特定の人々で

はなく、イスラエルの民である。1:1の表題によれば、コヘレトは「ダビデの子、エルサレムの王」であり、ソロモンを指すように読める。けれども、これは文学的虚構であって、著者がソロモン自身であるとは認めがたい。コヘレト書には「ソロモン」という名称は一度も出てこない。旧約の知恵文書は、知恵の権化であるソロモンに由来するとの伝承があるゆえに（箴 1:1)、本書を権威付けるため編集者によってこのような表題が加えられたと考えることができる。ただし、1:12にコヘレトがイスラエルの王として君臨していたとの記述が見られる（ほかに、旧約外典の『ソロモンの知恵』を参照してほしい)。このような虚構は前半部分の展開において有効な文学的機能を果たしている。

コヘレト書の編集問題は複雑である。かつては、あちらこちらに編集者の手を認め、コヘレト自身のラディカルな記述に大幅な正統主義的彩色が加わったと見なされた。しかし、全体の文学的統一性が認められる以上、編集部分を最小限にとどめて説明するのが、今日一般的である。表題（1:1）とエピローグ（12:9–14）は編集者に由来する。エピローグを二つに（12:9–11, 12–14)、あるいは三つに（12:9–11, 12, 13–14）分解し、複数の編集段階を想定することもできる。また、1:2と12:8の枠組みも編集者に由来する部分と見なされる。文献学的問題としてコヘレト書の編集部分を広範囲に拡大して説明するのはD. ミヘルとA. フィッシャーである。1:3から3:15に見事な集中構造を見るフィッシャーは、3:16以下12:7までを第一編集者の記述と見なし、これを枠組み（1:2; 12:8）およびエピローグ（12:9–11）の著者と同定する。第二編集者はそれに正統主義的訂正を加えたとされる。

困難な編集問題の一つは、コヘレトが三人称で介入する7:27である。これも編集者の手によるものと説明できるが、M. V. フォックスはこれについて独特な考え方で説明する。彼によれば、語り手（frame narrator）は「コヘレト」というペルソナを通して叙述しているのであって、その限りにおいて7:27の奇妙な介入的記述もコヘレトに由来する。それどころか、フォックスによれば、12:9–14のエピローグもまたコヘレトの記述であって、編集者の付加とは見なされない。このフォックスの説明は特異なものだが、最近の修辞批判的方法によるコヘレト解釈に大きな影響を与えた（西村俊昭）。本注解でも、歴史的に思考するのみならず、最終形態を尊重してコヘレト書を説明する。このような考え方がコヘレト書をきちんと理解するために有効だと判断されるからである。

コヘレト書が編集されて成立したとの見方は崩れたわけではない。むしろ、ほとんどの研究者がそう考える。けれども、内容的統一性と思想的統一性とは繋がっていると筆者は見ている。コヘレト書の場合、文学的統一性が説明されることにより、編集問題を捨象した共時的あるいは文芸学的方法による解釈もまた注目される必要がある。最近刊行された鎌野直人氏のモノグラフもその一つで、コヘレト書全体に知恵的な教育的意図を読み取り、文学的統一性を見事に説明している。

成立年代と時代背景

コヘレト書の成立時期について、研究者の間ではっきりとした合意はない。これまで認知されていることがらを纏めるとおおよそ次のようになる。まず、ソロモンが支配した統一王国時代の成立はありえない。ペルシア語からの借用語（2:5 のパルデース「果樹園」、8:11 のピトガーム「法令」）やアラム語の影響は確実に捕囚後の成立を説明する。D. C. フレデリックスやC. L. シアウは言語学的・社会史的説明を根拠にしてペルシア時代（紀元前 5 世紀）を特定する。しかし、初期黙示的潮流との関係（D. ミヘル）やヘレニズム思想の影響（L. シュビーンホルスト・シェーンベルガー）も指摘され、ペルシア時代ではなく、ギリシア時代に入った紀元前 3 世紀頃と見るのが妥当ではないか、と一般には考えられている。これについては、紀元前 190 年頃に成立したベン・シラ（シラ書）との関連が指摘され、ベン・シラがコヘレトを知っていたと推定されている（勝村弘也）。けれども、両者の直接的関係を文献学的に証明するのはそれほど簡単なことではない。したがって、ベン・シラを根拠にしてコヘレト書の成立時期を特定することは適切ではない。成立時期の下限は、クムラン写本の中にコヘレト断片が存在するので、紀元前 150 年頃ということになる（L. シュビーンホルスト・シェーンベルガー)。ギルガメシュ叙事詩など古代オリエントの文学からの影響が指摘されることがある(W. P. ブラウン)が、これはコヘレトの成立時期を決定する材料にはならない。ウィットレイは1970年代に紀元前152–145年という成立年代を特定し、厳しい批判を浴びたが、本注解はそれに近いコヘレト書成立の下限設定を考える(これについては後述する)。

コヘレトの時代背景については、1970年代からヘンゲルやクリュゼマンによって社会史的分析がなされ、最近でもC. L. シアウなどが積極的に試みている。シアウはペルシア時代に流通革命が起き、貨幣経済の浸透によって市場経済が活況を呈し、同時に経済の浮き沈みが現実化したと見る。コヘレトが多用するイトローン「利益」はペルシア時代の経済用語であり、コヘレトの怒りや嘆きは当時の社会状況から説明される。興味深い説明ではあるけれども、同じ説明はペルシア時代ではなく、その後のヘレニズム時代にも十分可能である。その限りにおいて、社会学的類型化は時代背景を特定する決定的な証拠にはならない。コヘレトにおいてしばしば指摘される「行為・帰趨・連関の崩壊」という知恵の現実が捕囚後の社会状況の激変として説明される(F. クリュゼマン)。しかし、これもまた時代背景を具体的に特定できるものではない。コヘレト書の成立場所については、アレキサンドリアという可能性が指摘されることはあるが、パレスチナであることは間違いないだろう。

思想的特徴と神学的・聖書学的諸問題

コヘレト書の解釈は難しい。かつては、支離滅裂な思想内容が指摘され、そこに首尾一貫した思想は存在しないと極めて否定的に評価されたこともある。けれども、1980年代以降、次から次に大部の注解書や研究書が刊行され、コヘレトの言葉をどう解釈すべきかが盛んに論じられるようになった。たった12章しかないこの書に対する研究者たちの関心の高さがうかがえる。

コヘレト書の解釈は今日、大きく分けると、二つの方向がある。第一は、コヘレトの言葉のペシミスティックな叙述を強調する方向である。言い換えると、コヘレトを懐疑的あるいは不条理な思想の代表者と見るものである。コヘレトは伝統的な知恵の考え方に失望し、深い疑念を表明しているという捉え方であって、これは以前から知られた一般的なコヘレト解釈である。1:2 と 12:8 の枠組み「すべては空しい」(新共同訳) がこのような解釈を促す基本的な根拠となる。コヘレトはヘベル「束の間」という用語を 38 回も使用している。ペシミズムやニヒリズム (関根清三) をコヘレトの思想的特徴と見ることは理由のないことではない。このようなペシミスティックな特徴を見る解釈によると、コヘレトの言葉は旧約の正統的な思想とは極めて異質なものであって、旧約正典に属する意義はもともとなかったという否定的評価に至る (A. ラウハ、D. ミヘル)。つまり、コヘレト自身、この書が旧約正典に入るとは予想すらしていなかったという評価である。これは、コヘレトを反面教師として解釈する読み方に通じる。ただし、ペシミスティックな語りは旧約文書にも散見される (詩 73 編など)。なお、最近ではソロモン的虚構をコヘレト書全体に拡張する解釈も見られる (M. ケールモース)。

これに対して、第二の方向は、コヘレトの言葉に見られるポジティブな叙述を強調する方向である。代表的なものとして、コヘレトを「喜びの説教者」(R. N. ワイブレイ、N. ローフィンク) と見る解釈が挙げられる。5:17–19、9:7–10、11:9 にはまさしく「喜びへの招き」が記され、そこにコヘレトの言葉全体を理解する手がかりを見出すことができる。そのような喜びを「神の賜物」また「神の答え」として捉え、人生のはかなさを克服する積極的な態度だと説明することが可能となる。このような幸福論的コヘレト解釈はしばしば古代オリエント文学 (ギルガメシュ叙事詩) の影響 (W. P. ブラウン) やエピクロス学派などヘレニズム思想の影響 (最近では L. シュビーンホルスト・シェーンベルガー) などによって説明される。ただし、このような見方をする研究者は必ずしも多くはない。また、このような周辺世界からの影響とは別に、創造論的な神学との関係に注目し、さらにコヘレトの中に伝統的な知恵の神学の批判的発展を見ることによって、コヘレトの思想を肯定的に捉えようとする解釈が 1990 年代以降では重要になってきている（例えば、T. ツィンマー）。

以上の対照的な二つの解釈方向のはざまで、コヘレトの言葉に存在する思想的矛盾や緊張関係をどう解決するかという難問が依然として残る。その場合、引用理論 Zitatentheorie がコヘレトの矛盾と緊張関係を説明するために有効となる。これは、コヘレトは自らが論争する敵対者の思想を引用し、それと論争しているという考え方である。これについては、コヘレト書の中に伝統的な知恵との論争を見るのが従来、一般的な考え方ではあった。たとえば、D. ミヘルは初期黙示的潮流との論争を考え、L. シュビーンホルスト・シェーンベルガーはヘレニズム哲学との論争を考える。けれども、ヘブライ語には引用符というものがないので、どのようにして地の文と引用文を区別するかは釈義上、難しい問題である。この引用理論との関連で重要となるのは、最近の読者受容的解釈 Rezeptionsorientierte Interpretation である。コヘレトの矛盾と緊張関係は著者によって意図された論争的戦略の形態であって、それが読者をテキスト解釈へと方向付けている、と見るのである（Th. クリューガー）。この解釈の有効性は、エピローグ部分（12:9–14）が二つの相異なる編集者に属すると説明されることによって強まる。というのも、第一エピローグ（12:9–11）はコヘレトの教えをイスラエルの知恵の伝統の中に導き入れようとする意図を有し、また第二エピローグ（12:12–14）はコヘレトをユダヤ教正統主義の立場で解釈しようとする意図を有する、と説明しうるからである。この二つの編集意図の存在は、コヘレトの言葉の矛盾をそれ自体として受け入れることを可能にする。この考え方について、最近では A. シェレンベルクがコヘレト書の中にソロモン王的発言と知者的発言の競合を読み取っている。以上が、コヘレト書解釈をめぐる最近の傾向である。

反黙示思想の書としてのコヘレト書

以上の研究史的な総括を踏まえて、コヘレト書解釈について本注解の考え方を述べよう。本注解では、従来の一般的なコヘレト解釈とは異なり、コヘレトの思想と神学が黙示思想との対論によって説明される。それはコヘレト書においては以下の議論が成り立つからである。

旧約聖書学を多少でも学んだ人なら、コヘレト書が黙示思想と関係があると聞いて戸惑うに違いない。コヘレト書と黙示文書との関連を指摘した聖書学者は数えるほどしかいないからである（ロッソ・ウビグリ、ミヘル、ランゲ、パーデュなど）。けれども、これは一つの学説として検証されるだけの価値は十分にある。本注解を執筆するにあたり、筆者が黙示思想との関係にこだわるのには理由がある。それは、いわゆる黙示思想でしか扱われない特徴的な表現がコヘレト書に出てくるからである。もし、それが旧約聖書のあちらこちらで用いられているならば、特に問題にはならない。けれども、黙示文書だけが使用する極めて重要な表現がコヘレト書においても問題になっているとすれば、当然、両者が関係する可能性ということが浮き彫りになってくる。それはきちんと検証されなければならないだろう。そこで、その範例としてコヘレト書 8:1–9 を考察する。まずは、黙示文書であるダニエル書から考察を始めることにしよう。

(1) コヘレト書とダニエル書

紙幅に制限があるので、ここではダニエル書について詳細に論じることはしないことを御了解いただきたい。まず、何よりも問題にしたいのは、ダニエル書 2 章である。ダニエル書は 2:4 後半から 7 章末までがヘブライ語ではなくて、アラム語で書かれている。そのアラム語部分に属する 2 章には、「秘密を啓示する」という表現が頻繁に出てくる。

ダニ 2:19：「夜の幻の中で、ダニエルにその秘密が啓示された。」
ダニ 2:29：「秘密を啓示される方があなたに、何が起こるかを告げた。」
ダニ 2:30：「わたしにその秘密が啓示された。」
ダニ 2:47：「あなたがこの秘密を啓示し、……あなたたちの神は秘密を啓示する方……」

この「秘密が啓示される」は、ダニエル書だけに見られる特徴的な表現である。いわゆる「黙示」という概念はこの表現から説明される。ギリシア語のアポカリュプシスは「隠されたことを顕わにすること」という意味である（英語 revelation / ドイツ語 Offenbarung）。これが、アラム語ではまさしく「秘密を啓示する」と表現されるのである。このダニエル書の「秘密を啓示する」というアラム語表現がギリシア語の「黙示」アポカリュプシスという概念を作り出した。このダニエル書 2 章は典型的な黙示的テキストである。重要なことは、ダニエル書 2 章では、この「秘密を啓示する」という表現がさらに「何が起こるかを告げる」という終末論的表現で言い換えられているということである（特に 29 節に注目）。

何が起こるかを告げる

ダニ 2:28　:「神は王に、後の日々に何が起こるかを告げた。」

ダニ 2:29a :「王よ、あなたが寝ているとき、そのあと何が起こるかという想念が来る。」

ダニ 2:29b :「秘密を啓示する方があなたに、何が起こるかを告げた。」

ダニ 2:45　:「神は王に、そのあと何が起こるかを告げた。」

以上の用例では、将来「何が起こるかを告げる」ことが共通の関心事である。しかも、いずれも王の夢解きの文脈中にある。この「何が起こるかを告げる」がヨハネ黙示録の構造の枠組みになっていることは注目してよい（1:1; 22:6）。この表現は典型的な黙示的表現なのである。

ところで、ダニエル書 2 章には、もう一つ注目すべき用語がある。それは、「解釈」という語である。アラム語で「ペシャル」、ヘブライ語では「ペーシェル」。2:19–47 にはこれが 6 回も出てくる。

ダニ 2:24 :「王様に解釈を示す。」

ダニ 2:25 :「王様に解釈を示す。」

ダニ 2:26 :「わたしが見た夢とその解釈を示す。」

ダニ 2:30 :「王様に解釈を示す。」

ダニ 2:36 :「わたしたちは解釈する。」

ダニ 2:45 :「この夢は確かで、その解釈は間違いない。」

ここでは、王の夢を「解釈」することが中心的な問題となっている。このペシャル（ペーシェル）もまた典型的な黙示的用語であって、ダニエル書に頻出する。ちなみに、クムラン文書群の中に見られる「ハバクク書注解」などのいわゆる「ペシェル注解」では、このペーシェルという用語が黙示的な鍵語として機能し、ダニエル書との繋がりを暗示させる。ダニエル書では、そもそも王の夢解きは夢という現象を解釈するのだが、興味深いことに、5:26には「言葉の解釈」という特異な表現がある。これは、王宮の壁に現れた謎の文字「メネ、メネ、テケル、ウ・パルシン」をダニエルが見事に解き明かしてみせるところである。

言葉の解釈

ダニ 5:26–28：「その言葉の解釈はこうです。『メネ』とは、神があなたの王国を数え、それを終わらせたということ……。」

これもアラム語で記されている。「メネ」という謎の言葉は実は「数える」という意味であることを、ダニエルが解き明かしたのである。「メネ」とはペルシアの度量／貨幣単位であるが、アラム語では「数える」を意味する動詞でもある。つまり、文法的には「彼は数える」という意味になる。そこで、「神（彼）はあなたの統治を数え」と解釈されたのである。テケルとパルシンも同様な仕方で解釈される。要するに、一種の語呂合わせ、言葉遊びによるこじつけ解釈である。けれども、謎の文字が「言葉の解釈」という導入定式のもと、ダニエルによって見事に解釈され、王に提示されたのである。

ということは、先ほど説明した「何が起こるかを告げる」もまた「言葉の解釈」も、同様に「秘密を啓示する」という黙示概念と密接に関係する黙示的表現なのである。このことをまず、きちんと認識しておかなければならない。

(2) コヘレト書が用いる黙示的表現

少々前置きが長くなったが、黙示的表現とは何かをダニエル書から確認することが本注解においてコヘレト書解釈の大前提となる。そこで、コヘレト書 8:1–8 を範例として扱う。この部分の翻訳は次の通りである。

1　誰が知者のようであるか。<u>誰が言葉の解釈を知るか</u>。人の知恵はその顔を輝かせ、その顔の力は変容する。
2　わたし。神との誓いのゆえに、王の口を守れ。
3　王の前からあわてて立ち去らず、悪しきことに掛り合うな。彼はすべてを思い通りにするからだ。
4　王の言葉には権威がある。何をなさる、と誰が彼に言えようか。
5　命令を守る者は悪しきことを知らない。しかし、知者の心は時と秩序を知る。
6　そうだ、すべての出来事には時と秩序があり、人間の不幸は彼の上に大きい。
7　<u>何が起こるかを知る者は一人もいない</u>。そうだ、<u>何が起こるかを誰がその人に告知できるだろうか</u>。
8　息を支配し、息を止める人はいない。また、死の日を支配できる人はいない。戦争から解放されることはなく、不義はその首領を救わない。

一読しても、さっぱり意味がわからない支離滅裂な内容の箇所である。ここも解釈するのは難しいし、説明するには骨が折れる（8:1–8 注解参照）。筆者が注目するのは、この箇所の枠になっている「問い」（1 節 a）と「答え」（7 節）である。

コヘ 8:1a：問い＝「誰が知者のようであるか。<u>誰が言葉の解釈を知るか</u>」
コヘ 8:7　：答え＝「<u>何が起こるかを知る者は一人もいない</u>。そうだ、<u>何が起こるかを誰がその人に告知できるだろうか</u>。」

この「問い」と「答え」の対応によって言えることは、「誰が言葉の解釈を知るか」という問いに対して、「何が起こるかを知る者は一人もいない」という否定的な答えが提示されていることだ。先にダニエル書で典型的黙示表現として指摘した「言葉の解釈」と「何が起こるかを告げる」という表現が、なんとこのコヘレト書にも出てくるのである。しかも、両者の表現の意味的対応をコヘレトはきちんと知っているではないか。これを偶然と言えるだろうか。

問題は、コヘレト書はヘブライ語で、またダニエル書はアラム語で書かれているということである。少々ややこしいが、「何が起こるかを告げる」も「言葉の解釈」も両書ではそれぞれ異なった言語で表現されている。けれども、この「何が起こるかを告げる」と「言葉の解釈」において、コヘレト書のヘブライ語とダニエル書のアラム語はぴたりと重なるのは確かである。この二つの表現を比較すれば、コヘレト書のヘブライ語はアラム語からの逐語訳だということがわかる。

さらに重要なのは、「解釈」という語である。ダニエル書では「解釈」はアラム語でペシャル。コヘレト書では「解釈」はヘブライ語でペーシェル。両者は子音字では同一である。ちなみに、コヘレト書のこのヘブライ語「ペーシェル」はハパックス・レゴメノン。すなわち旧約では他に用例のない唯一の用語である。旧約で「解釈」を表現するには、「パータル」というヘブライ語が用いられるのが普通である（たとえば創 41 章）。ところが、コヘレト書はパータルを使用せず、ペーシェルを使用している。そもそも、ペーシェルはダニエル書でアラム語として頻繁に使用される以外には、旧約ではたった一箇所、コヘレト書 8:1 だけに出てくるのである。しかもダニエル書のペーシェルは典型的黙示用語だということが確認されなければならない。

もう少し考察を加えるならば、このコヘレト書 8:1–8 では、1 節で「言葉の解釈」が提示された直後に突然、「王」が登場し、王の言葉をめぐる議論がなされる。この「王」の登場はコヘレト書 8 章の文脈からはまったく説明がつかない。ところが、「言葉の解釈」を問題とするダニエル書 5 章では、王が「言葉の解釈」を告げられる対象である。コヘレトがここで意図している「言葉の解釈」はダニエル書 5 章を潜在的な文脈にしていると説明せざるを得ない。

コヘレト書 8:3–4 でコヘレトが語る「彼は思い通りにするからだ。……何をなさる、と誰が彼に言えようか」も奇妙な表現である。これも、ダニエル書 4:32 の「彼は思い通りにする。……あなたは何をするのか、と言える者はいない」と酷似している。

さらに、先に指摘した通り、コヘレト書8:7の「何が起こるかを告知する」もまた、ダニエル書2章に頻出する独特な黙示的表現定式なのである。

以上の考察から出てくる結論は、コヘレト書はダニエル書のアラム語部分を知っているのではないかということである。コヘレト書が「何が起こるかを告知する」と「言葉の解釈」を同義的に用い、それを定式として使用している以上、ダニエル書の方がコヘレト書を知っていると想定することには困難が伴う。そうではなく、コヘレト書がダニエル書を知っているのである。決定的に重要なことは、コヘレト書はダニエル書の黙示的表現を用いつつ、それを明確に拒否しているということである。以上がコヘレト書の成立をダニエル書成立直後の紀元前150年頃と本注解が推定する所以である。

(3) コヘレト書は反黙示思想の文書

本注解においてコヘレト書と黙示文書の関係にこだわる理由がこれでおわかりいただけるだろうか。偶然と見るにはあまりにできすぎた一致と対照が両者にあると言わざるを得ない。コヘレト書とダニエル書は黙示的表現において結びついているのである。そういうわけで、コヘレト書はダニエル書を知っており、前者が後者の黙示的典型表現を用いて黙示思想を否定している、ということが推測できるのである。ちなみに、ダニエル書のアラム語部分のみがコヘレト書に既知であって、ダニエル書の成立のはるか以前に由来するダニエル書のアラム語黙示伝承をコヘレト書が知っていたと考えられるだろうか。しかし、私見ではダニエル書のアラム語部分の成立とヘブライ語部分の成立とを切り離すのは難しい。前半の物語文学と後半の黙示文学は文学類型において確かに異なるが、ダニエル書はその全体構造において統一性を有することは否定できない。ダニエル書全体をコヘレトが知っていると推測するのが妥当と思われる。

さて、問題は、なぜコヘレトが黙示批判をしているのかということである。はっきり言えることは、黙示的な思考は旧約聖書の思想史においては異質なものだということである。終末の到来を渇望する黙示思想の典型として、ダニエル書では「何が起こるか」に関して終末的希望が存在し、しかもそれを「告知する」ことが焦眉の関心事である。黙示においては、その終末到来は「言葉の解釈」によって解き明かされる。だから、ダニエル書ではいつ終末が到来するかを必死になって知ろうとして、言葉が解釈される。それによって、まさしく隠された秘密を啓示しようとするのである。これに関して、実際ダニエル書では、預言者エレミヤの預言（エレ 25:12; 29:10）に出てくる「70 年」はいつ実現するか、について計算がなされる（ダニ 9:2）。それと連動して「一時期、二時期、半時期」という謎めいた終末時が啓示される（7:25）。このおそらく三年半を示唆する終末時までの日数について、ダニエル書ではさらにあと 1290 日、1335 日というような厳密な計算がなされる（12 章）。まるで自然科学者のように終末時が計算されるのである。それは、黙示思想が決定論的歴史観を有することを示す。黙示思想では、歴史の歩みは神によって決定されており、人間の決断は意味を持たない（Schmithals 1973〔邦訳 37 頁〕）。しかし、こういう決定論的思考は歴史喪失をもたらし（Rad 1987b〔邦訳 416 頁〕）、社会生活において極めて危険な思想となりうる。もしもカルト宗教がやるように終末到来の日が確かめられれば、社会はパニックになって収拾がつかなくなるだろう。決定論的世界観においては人間の自由と責任はまったく意義を失ってしまう。

けれども、そういう決定論なるものはもともとイスラエルに存在しなかったのである。徹底的に終末論的に解釈するという考え方も旧約にはなかった。もっとも、預言者にも終末論的思考は見られる。しかし、預言者は過去に起こった出来事を規範化し、それを将来に投影するという仕方で終末を「予言」したのである（Rad 1987b〔邦訳 158–161 頁〕）。それは決定論的歴史観を有する黙示的終末論とは質的に異なる。預言者の歴史観は決定論ではない。将来は決定しておらず、開かれている。預言者はあくまで、自ら将来を切り開いて、歴史を担うことを要求するのである。そういう態度こそが旧約の伝統的な態度なのであって、知恵の考え方も基本的には同じだと言わなければならない。黙示思想の終末論はそれを根底から破壊するものではないだろうか。いずれにせよ、コヘレトが「何が起こるかを誰が知るか」と修辞疑問によって否定するのは、**反黙示的**な方向を示しているのではないかと推測される。

もう一つ、コヘレト書において注目すべきことは、いわゆる「言葉の解釈」の方向である。黙示的解釈は、ダニエル書のペシェルがそうであるように、言葉（あるいは夢や数字）から神の啓示を引き出そうとする。その意味で黙示とは啓示的解釈と言ってよい。そこには、終末がいつ到来するかという秘義を突き止め、その彼岸に救済を得たいという強烈な渇望がある（ダニ 12 章）。そこから復活思想が現れる。とするならば、これは彼岸的に言葉を解釈する方向である。それならば、コヘレトは言葉（事柄、さらに出来事を含む）をどう解釈するだろうか。彼は、8:1–8 がそうであるように、言葉を現実的に解釈し、そこから倫理を引き出している。王に従え、王の命令を聞けというように、あくまで現実に目を向けている。これらはイスラエルの伝統的な倫理的態度だと言わねばならない。このように徹頭徹尾、現実的に、此岸的に言葉（事柄）を解釈するところにコヘレトの解釈の特徴があると思われる。このように、コヘレトは黙示思想に対して極めて周到な議論を展開していることが読み取れる。以上が、コヘレト書解釈について本注解が有する基本的な考え方である。

(4) コヘレトの論敵像

すでに指摘したことだが、私見によれば、コヘレトの論敵はダニエル書に見られる黙示思想の担い手である。この論敵がコヘレト書においてどのような姿として現れるかを確認しておこう。

a. 歴史の終末に希望を抱く人々。

1:9 「すでにあったことはこれからもある。すでに起こったことはこれからも起こる。」

8:7 「何が起こるかを知る者は一人もいない。」

9:10「あなたが行こうとしている陰府には、業も戦略もなければ、知識も知恵もない。」

以上は、コヘレトが死を超えた彼岸を否定する物言いである。コヘレトの論敵は、終末に希望を置き、復活を信じる人々であることは明白である。これは、ダニエル書 12 章のマスキーリーム「目覚めた人々」を暗示させる。

b. 日常的に禁欲的に生きる人々。

9:7–8「さあ、あなたのパンを喜んで食べよ。あなたの葡萄酒を心地よく飲め。……いつでもあなたの衣を純白にせよ。あなたの頭には油を絶やさないように。」

これは、コヘレトが禁欲的生活を拒否する物言いである。ここから推測するに、コヘレトの論敵は禁欲的に生きる人々である。これは、ダニエル書 10:2–3「そのころわたしダニエルは……一切の美食を遠ざけ、肉も酒も口にせず、体には香油も塗らなかった。」という記述と逆説的に対応している。ダニエル書 1 章でダニエルたちは王宮で禁欲生活を貫くが、その少年たちはマスキーリーム「目覚めた人々」と形容される（ダニ 1:4)。

c. 夢や幻によって神の啓示を語る人々。

5:2　「務めが多ければ夢を見る。言葉が多ければ愚者の声。」

5:6　「夢が多ければ束の間であり、言葉が多くなる。」

10:14「愚者は言葉を多くするが、何が起こるかを人は知らない。」

以上は、コヘレトの論敵が夢や幻を見ることによって神の啓示を語る人々であることを暗示させる。ダニエル書では夢解きが重要な意味を有していることと符合する。

d. 神殿祭儀を拒否する人々。

4:17「愚者たちは供儀を捧げるよりも、聞き従うために（神殿に）近づく。」

8:10「悪人たち……は聖なる場所に出入りしていたのに……町で忘れ去られた。」

9:2　「一つの運命が……供儀を捧げる人にも捧げない人にも臨む。」

以上は、エルサレム神殿での犠牲祭儀を拒絶する人々をコヘレトが非難している物言いではないだろうか。コヘレトの論敵は神殿祭儀に参加しない人々と推測できる。

e. 王に対して恭順ではない人々。

8:4「王の言葉には権威がある。何をなさる、と誰が彼に言えようか。」

これはコヘレトが王に対して恭順であることを示す。それに対して論敵は王に対して恭順ではないことを暗示させる。この態度はコヘレトが引用した次のような論敵の言葉から読み取れる（注解部分を参照のこと)。

10:16–17「あなたの王が若者で、君侯たちが朝から食している地よ、あなたは災いである。あなたの王が高貴な生まれで、君侯たちが力を有し、飲むためではなく、ふさわしい時に食する地よ、あなたは幸いである。」

以上ａ～ｅのコヘレトの論敵像は、ダニエル書の担い手である「目覚めた人々」の姿と重なり、さらには黙示的集団の姿とも類似すると言えるであろう（これについては後述）。コヘレト書において、論敵は「愚者」と呼ばれるが、その「愚者」が「知者」と同列に扱われることは注意を要する。このことについて、コヘレトが嘲りの対象としてシクルート「愚か」という奇妙な語を用いるのは象徴的である。コヘレト書にしか用例がないシクルートは本書で 7 回用いられるが、その語幹は 1:17 のシクルートではサーカルである（ס［サメク］が שׂ［スィン］に置き換えられている）。このスィンから始まるヘブライ語のサーカルは、意味が真逆となり、「賢くなる」である。興味深いことに、その使役形分詞複数形はマスキーリームであって、ダニエル書の担い手「目覚めた人々」と同一である。コヘレトは巧妙な言葉遊びで論敵を揶揄していると考えられる。知恵ある者が神殿祭儀に参加しなければ、愚か者となる。このような言葉遊びを用いた皮肉をコヘレトは駆使しているのではないだろうか。

本注解でコヘレト書をどう解釈するか

⑴ コヘレト書の思想内容から解釈する

コヘレト書では一貫して死が語られる。それはニヒリズムやペシミズムとして説明されがちだが、そうではない。コヘレトが死を語るのは、黙示的な歴史的終末論を拒否するからである。冒頭の詩文（1:3–12）から歴史的循環が語られるのはそのゆえである。旧約には、歴史に終わりはないという記述がある（創 8:22）。コヘレトにおいて終末は人間の死においてのみ到来する。コヘレトは歴史的終末論を個人的終末論にいわば矮小化するのである。人間の死のみが終末である。しかし、これは本来、知恵文学の考え方である。コヘレトは旧約の伝統的な考え方に従い、彼岸を拒否し、徹頭徹尾、此岸的に思考する。人間は死んで塵に戻り、息は神に帰るのである（12:7）。創造物語においても、それは同様である（創 3:19）。歴史的終末の否定はまた、興味深いことだが、コヘレトがヘブライ語のケーツを常に否定辞付きで用いることにも表れる（4:8, 13; 12:12）。コヘレトの「終末」は歴史の終末を意味するケーツではなく、存在の停止を意味するソーフである（3:11; 7:2; 12:13）。

人間の死の認識において、コヘレトは生きられる時間を考える。この死から逆算された時間認識がヘベルである。したがって、ヘベルは「空」でもなければ、「空しさ」でもなく、時間的な「短さ」であると説明される。本注解ではこれを「束の間」と訳す。この「束の間」は第一義的に時間的概念だが、同時に内容的な「空虚」をも含み、両義的な概念である。人生は短いという徹底した認識がコヘレトにはある。古代イスラエル世界において、人間の平均寿命は 35 歳ほどであったらしい。20 歳になった人間があとどれくらい生きられるか、ほんのわずかの年数にすぎない。文字通り、青春は短く、束の間なのである（11:10）。コヘレト書においてヘベルが 38 回も連発されるのは、この生きられる時間の短さをコヘレトが徹底して考える謂いである。「束の間」ヘベルと共に「風を追うことである」という定型句も、コヘレトの時間認識に由来する。「風」ルーアハは、神がそれを人間に吹き込むことによって人間が生きる者となった「息」をも意味する。生命はこの「息」を追いかける如く、まさに束の間に過ぎ去るのである。このようなコヘレトの時間認識は、あくまで黙示的な終末認識への対峙から生まれたものである。というのも、黙示的時間認識においては、最後の死が突破されて、死後の生に価値を見出すために、今を生きることの充足性が失われるからである。

死の認識において、生きられる時間をどう生きるかをコヘレトは徹底して考える。それがコヘレトの一貫した関心事である。たとえば、飲み食い賛美はそれを説明する。飲み食いの楽しみを神からの賜物と考えるのはコヘレトの享楽主義ではない。それは人生の肯定である。生きることに意味があるとコヘレトは考えている。「生きている犬の方が死んだ獅子より幸いである」(9:4)。このような人生の肯定は、さらにまた、生きることにとことん責任を果たすという責任倫理にも繋がる。「朝にあなたの種を蒔け。夕にあなたの手を休めるな」(11:6) はそういうコヘレトの責任倫理を示している。

(2) コヘレト書の構造から解釈する

このようなコヘレトの反黙示思想はコヘレト書の構造にも表れている。本注解においてコヘレト書の構造理解は次の通りである。

A	1:1	表題
B	1:2	標語「ヘベル」
C	1:3–11	詩
D	1:12–2:26	独白
E	3:1–17	主題「時」(=決定論と不可知論)
F	3:18–22a	主題「死の宿命」
G	3:22b–8:17	中心部分 (4:1–5:19/6:1–8:15)
F'	9:1–6	主題「死の宿命」
D'	9:7–10	対話
E'	9:11–12	主題「時」(=決定論と不可知論)
H	9:13–10:20	第二の中心部分
E"	11:1–6	決定論と不可知論
D"	11:7–12:2a	対話
C'	12:2b–7	詩
B'	12:8	標語「ヘベル」
A'	12:9–14	後書き

上記の全体構成には 3:22b–8:17 を中心とし、「表題 – 標語 – 詩」および「詩 – 標語 – 後書き」を大きな枠組みとする交差的集中構造が見られる。全体構造の後半部について言えば、9:7–12:2a がもう一つの小さな交差的集中構造 (D'–E'–E"–D") を示し複雑な構造となるが、全体の構造は基本的

に整ったものである。コヘレト書全体において前半部と後半部がうまく対応するように、標語や主題がバランスよく配置されていることが確認できる。しかも、前半部はD（1:12–2:26）の「独白」に象徴されるように内向きの思想傾向を有するのに対し、後半部はD'（9:7–10）、D"（11:7–12:2a）の「対話」に象徴されるように開かれた思想傾向を有する。Dの「独白」に対するD'とD"の「対話」は対照的であるが、構造的には対応している。このようなアンビバレントな対照は、コヘレト書全体の流れにおいて、ある種の劇的効果を含む雰囲気を作り出している（Gianto 1992: 531）。

この構造理解によれば、「ほんの束の間」（「空の空」）という冒頭の標語は締め括りでも繰り返され、コヘレト書全体の枠組みとなっている（B, B'）。冒頭の詩文は締め括りの詩文と対応し、やはり枠組みを構成する（C, C'）。歴史的終末論を否定する思想が、個人的終末論（死）で締め括られる。コヘレトの時間認識は、コヘレト書の構造を束ねる蝶番として機能している（E, E', E"）。コヘレト書の前半から後半への展開において、独白が対話となって、ネガティブな雰囲気からポジティブな雰囲気へと移行する（D, D', D"）。これは、ソロモンの虚構における人生の短さが、人生を肯定する謂いへと転換するという文学的効果をもたらす。後半には漸増法も見られる。あらゆるものを手にした王に「人生を厭う」と嘆かせる文学的虚構（2:17）が、そのあと「生きている犬の方が死んだ獅子より幸いである」（9:4）という表現において人生は肯定へと逆転し、死を前にして神から与えられた時間を徹底して生き抜く、という生き方を選び取る（11:6）。この転換は矛盾ではなく、死の認識を跳躍台とした反転である。コヘレトは考え抜いた戦略でコヘレト書を叙述している。このようなコヘレト書の全体構造という形式は、コヘレトの反黙示思想という内容にきちんと繋がっている。

この全体構造の中で、中心部分G（3:22b–8:17）をもう少し分析してみよう。興味深いことに、3:22bと8:16–17が「問い」と「答え」として対応することによって、この中心部分の枠組みが構成されている。「その後に何が起こるかを誰が人に見せてくれるだろうか」という問いに対し「人は（それを）見極められない」という不可知論的な答えが提出されるのである。これはコヘレト書において黙示的思考の拒否と理解されるべきである。この「問い」と「答え」が枠組みとなって、4:1–5:19と6:1–8:15という二つの部分を囲い込んでいるのである。この「問い」と「答え」の対応はコヘレト書全体を組み立てる重要な骨格となっている。

(3) 歴史的背景から解釈する

すでに指摘した通り、コヘレト書の成立を筆者は紀元前160–150年に推定する。それはダニエル書の成立が紀元前160年頃と判断され、その直後にコヘレト書が成立したと考えられるからである。その前に注目したいのは、9:11の「競走」「戦い」の記述である。エルサレムにギムナジオン（競技場）が建設されたのは、大祭司ヤソンの時代で、紀元前175年以降であることが知られている。コヘレトの記述はその存在を前提にしていると考えられる。紀元前175年以前にそのような競走や競技はなかったはずである。

ダニエル書の中にすでに暗示される通り、紀元前164年にアンティオコスⅣ世エピファネスの支配は覆されて神殿は聖別されたが、紀元前160年から150年にかけて、ユダヤ教団は未だマカバイ闘争の渦中にあり、各地で紛争と戦闘が続いていた。闘争の指導者はマカバイのユダから、弟のヨナタンに代わった。紀元前152年、セレウコス王アレキサンドロスの任命によって、ヨナタンが大祭司に就任した（Ⅰマカ10:20）。この出来事は、政治的にはユダヤ教団がギリシア支配から独立を勝ち取る決定的な意義を有した。けれども、これは宗教的には由々しい問題を引き起こした。というのも、ヨナタン（続いてシモン）はツァドク系祭司の家系に属さないゆえに、律法の規定に従えば、本来、大祭司に就任する資格を持たなかったからである。にもかかわらず大祭司に就任したのは政治的な理由による。しかし、これによって神殿が汚辱されたと受け止めた敬虔な宗教集団がエルサレム祭儀共同体からの離脱をはかった。これがクムラン宗団であって、エッセネ派との関係が指摘されている。この初期クムラン宗団が立脚する思想基盤はいわゆる黙示思想であり、それはダニエル書の中にすでに色濃く表れている。実際、ダニエル書9:4–19のダニエルの祈りは、荒廃した神殿のために神殿の外から祈るという状況設定であって、クムラン宗団の歴史的状況とも似ている。ダニエル書成立からクムラン宗団の離脱まではわずかの年数であって、この宗団は自らを終末的共同体と認識していた。ダニエル書の思想はこの黙示的集団の成立にも何らかの影響を与えたに違いない。以上は、F. M. クロスの「死海文書の歴史的状況」からも確認できる（クロス 1997: 61–86 頁）。ダニエル書の成立から黙示的集団の成立は紀元前 160–150 年頃であることはほぼ間違いなく、コヘレト書の成立はこの時期と推定される。

コヘレト書の成立問題について、さらに社会的な側面から考察をしておこう。この時代、ユダヤにおけるマカバイの闘争は、父マッタティアスから息子のユダ、ヨナタン、シモンへと指導権が移譲された。紀元前 164 年にエピファネスが死去して以降、セレウコスの王権は急速に弱まって求心力を失い、大祭司職の任命も空転し、ユダヤの政治的支配権は混沌としていく。この間に、いずれも若者であるマカバイ兄弟の中で、まずユダ（紀元前 167–161 年）が、次にヨナタン（紀元前 161–143 年）が民衆の英雄として軍事行動を遂行した。兄弟たちはセレウコス軍相手に勇敢にもゲリラ的闘争を敢行したのである。町を攻略する大軍に挑んで勝利したというヨナタンの英雄的エピソードも知られている（Ｉマカ 9:62–73、ヨセフス（秦訳）『ユダヤ古代誌 4』ちくま学術文庫、130–131 頁）。ユダからヨナタンに指導権が移る頃、ユダヤ社会は親ギリシア派と民族派に分裂し、深刻な対立状況にあったらしい（Ｉマカ 9:23–31、E. シューラー（小河訳）『ユダヤ民族史Ｉ』238 頁）。そのようなマカバイ闘争の中期である紀元前 160–150 年のユダヤの軍事的、政治的、宗教的な歴史的背景がコヘレト書の記述においても読み取れるのではないだろうか。実は、コヘレト書には戦時をほのめかす記述は意外にも多いのである。「戦いの時、平和の時」(3:8)、「戦争から解放されることはない」(8:8)。このことについて、コヘレト書に次のような記述が注目される。

4:12「一人が襲われても、二人でこれに立ち向かう。三つ撚りの糸はたやすくは切れない。」

4:13「貧しく知恵のある若者の方が、もはや忠告を聞き入れない老齢の愚かな王よりも良い。」

4:15「わたしは太陽の下で歩む命ある者すべてが、彼の後に立つ別の若者を支持するのを見た。」

以上はいずれもコヘレト書4章にある謎めいた記述である。これは、多くの注解書において歴史的記述として解釈されず、ただ単に知恵的な範例あるいは神話的格言として解釈されてきた。けれども、これらの記述にはマッタティアスの息子たちマカバイのユダ、ヨナタン、シモンによる軍事闘争（三つ撚りの糸？）を背景とする時代状況に重なるものがあるのではないだろうか。マカバイのユダの兄弟たちは協力し合って闘争を貫徹し、倒されると次の兄弟が立った。しかも、いずれも若者たちであったと推測される。マカバイ記一2:5によれば、ヨナタンは5人兄弟の末の弟である。コヘレト書9章にはさらに興味深い記述がある。

9:14–15「小さな町があって、僅かの住民がいた。そこに大王が侵攻して、町を包囲し、巨大な攻城堡塁を築いた。その町に貧しく知恵のある男が現れ、その知恵によって町を救った。」

この記述は、マカバイ記一9章に見られるヨナタンの勇敢な軍事行動とよく似ている。引用しよう。

「ヨナタンとシモン、その部下たちは荒れ野にあるベトバシに退き、そこにある破壊された砦を再建し、強化した。バキデスはこれを知り、全軍を召集し、ユダヤ出身の兵士たちに命令を下した。彼らは出て行って、ベトバシに向けて陣を敷き、幾日にもわたってそこに攻撃を仕掛け、攻城機を組み立てた。ヨナタンは兄弟シモンをその町に残して、少数の兵と共に町の外へ抜け出した。彼は、オドメラとその兄弟たち、それにファシロンの息子たちをその天幕の中で打ち殺した。ヨナタンたちは攻撃を始め、またその軍勢と共にベトバシへ上って行った。一方シモンとその部下たちも、町から出撃し、敵の攻城機に火を放った。彼らはバキデスを攻撃し、バキデスは大きな打撃を受けた。策略も攻略も水泡に帰して、完全に挫折してしまった。……イスラエルでは剣はさやに納まり、ヨナタンはミクマスに

住んだ。こうして彼による民の統治が始まり、不敬虔な者たちはイスラエルから一掃された。」（Ⅰマカ 9:62–73）

この記述によれば、ヨナタンはシモンと共に、セレウコス軍の攻城要塞によって攻撃された町を救済した。町を救った知恵ある貧しい男とはヨナタンあるいはシモンを指していると見ることが可能である。紀元前 152 年に大祭司に就任したヨナタンは、上記引用文のおしまいからもわかる通り、大祭司就任以前にすでに王的な振る舞いをしていた（シューラー『ユダヤ民族史Ⅰ』250 頁も参照せよ）。このヨナタンの大祭司就任を拒否して神殿祭儀を放棄したのが初期クムランの黙示的集団であり、それに対立する反黙示的文書がコヘレト書であるとすれば、コヘレトが政治的にも宗教的にも大祭司ヨナタンを支持していることが十分に説明できる。コヘレト書はこのヨナタンが政治的実権を握った時代において反黙示の政治的トラクトであったかも知れない。

ちなみに、歴史家ヨセフスは、ヨナタンに関する歴史的記述の中で、その頃ファリサイ、サドカイ、エッセネという三つの集団がユダヤに存在したと報告している（ヨセフス『ユダヤ古代誌 4』168–169 頁）。これはむしろ時代紀元 1 世紀のヨセフスの時代状況と説明されることも可能だが、エッセネ派の起源においてファリサイ派とサドカイ派の存在を無視することはできない。コヘレトの反黙示思想はこのエッセネ派に対抗する性質をほのめかしている。コヘレトの思想が極めて此岸的であるゆえに、彼の出自をサドカイ派／ファリサイ派に求めることが可能となるだろう。コヘレト書は予想に反して極めて政治的な文書であることが見えてくる。

（4）最後の正典文書

コヘレト書が旧約正典に含まれることは重要なことを示す。従来、旧約文書の成立において最後に記されたのがダニエル書だという認識があった。けれども、私見によれば、おそらくコヘレト書が最後であったに違いない。重要なことは、黙示文書のダニエル書と、それに対峙する思想内容のコヘレト書が共にユダヤ教団の正典に含まれた、ということである。それは旧約聖書というユダヤ教の正典が黙示的であると同時に反黙示的であるという両義的な意味を内包していることを説明する。

一方では黙示的終末論を推し進めていく方向がある。ダニエル書以降、ユダヤ教団では多くの黙示文書が生産された（コヘ 12:12）。やがてその延長線上に新約聖書も成立した。ダニエル書に見られるメシアニズムと復活信仰は歴史の向こう側に強烈な救済を見出す。これはエッセネ派の関心事と相即し、またファリサイ派にもそれは見出される（使 23:8）。他方で、コヘレト書に見られる此岸的思考は、ユダヤ教団において徹頭徹尾この世界で責任を果たすという生き方を示した。これはむしろサドカイ的な関心事と相即している。エピローグの言葉「言葉の終わり。すべては聞き取られた。神を畏れ、その戒めを守れ。これこそ人間のすべてである」（12:13）はそれを暗示する。

いずれにせよ、コヘレト書が旧約正典に含まれるということは、重要な意義を有すると言わざるを得ない。それは、彼岸に価値を見出し、現世を否定的に見ようとする黙示的な世界観に対して、コヘレト書がきっぱりと現世肯定を語るからである。コヘレトによれば、「生きている犬の方が死んだ獅子より幸いである」（9:4）。つまり、コヘレト書の存在において、強烈な彼岸志向の黙示的終末論にはきちんと歯止めがかかり、終末論的緊張関係が成り立つのである。それは責任倫理を方向づけている。旧約聖書には、このようにダニエル書とコヘレト書という相反する文書が併存しているのである。これによって、宗教改革者 M. ルターの言葉とされる「たとえ明日世の終わりが来ようとも、今日、わたしはリンゴの木を植えよう」と同質の終末倫理が浮かび上がってくる。コヘレト書が発する最も重要なメッセージはここから語りうるだろう。

トピック
1 ウィットレイの成立年代下限説をめぐって

コヘレト書の成立年代をめぐって、ウィットレイは1979年に独自の見解を示した（Whitley 1979）。その見解とは、コヘレト書の成立を紀元前152–145年という、従来の諸見解とはまったく異なる極めて遅い下限年代を想定したということである。残念ながら、彼の見解は多くのコヘレト研究者から猛烈な批判を浴びて、その後も顧みられることはほとんどなかった。けれども、これは本注解における筆者の見解と関係するので、これについて検討しておきたい。

1. ウィットレイの見解

ウィットレイの見解を要約すると次の通りである（Whitley 1979: 132–148)。

(1) ベン・シラがコヘレトを知っているという一般的な見解（たとえば、ヘルツバーグ）があるが、それは歴史的・言語学的な知見に基づいてはおらず、ベン・シラがコヘレトより遅いとは必ずしも言えない。ヘブライ語版ベン・シラの成立は紀元前180年より遅くはない。したがって、コヘレト書の成立は紀元前180年以後であるという可能性は十分にある。

(2) コヘレトはダニエル書の教えを知っている。ダニエル書は紀元前167–164年に成立しているゆえに、コヘレト書の成立はそれより早くはない。たとえば、コヘレト書に見られるアラム語的特徴は、旧約ではダニエル書のアラム語にのみ見られる（コヘ8:1「ペシェル」、8:3「彼はすべてを思い通りにする」など)。

(3) コヘレト書の語彙はミシュナやタルムードによく似ている。たとえば、コヘレト書では、文脈上予想される定冠詞が省略されることが多く、ミシュナと同様に冠詞の使用には統一性がない。これは死海文書にも当てはまる。

(4) 聖書ヘブライ語とは異なるミシュナ的語彙や表現が出現する背景には、社会的・文化的な大変化があったはずであり、それはマカバイ闘争がユダヤ教団の文化的連続性を破断したことから説明できる。マカバイの軍事的指導者による勝利はユダヤ社会に民族主義の高揚をもたらし、それがミシュナ的表現の広範な採用を決定的に促進させたと考えられる。

(5) クムラン共同体が成立したとき、彼らはコヘレト書の写本を持っていたはずであり、それがコヘレト書成立の下限を決定する。クムラン宗団がクムランに移住したのは、おそらく紀元前140年にシモンの王的支配者就任の布告がなされてから間もなくと考えられる。したがって、コヘレト書の成立はそれ以前ということになる。また、紀元前152年にヨナタンが大祭司に就任したことがコヘレトの文書作成の背景にあると考えられる。

以上の考察により、ウィットレイはコヘレト書のヘブライ語が聖書ヘブライ語からミシュナヘブライ語への移行期にあり、しかもマカバイ闘争の前ではないという結論から、コヘレト書の成立を紀元前152–145年と推定するのである。

2. ウィットレイ説への批判と妥当性

ウィットレイの下限成立説は、すでに指摘したように、まったく顧みられることがなかった。彼によるコヘレト書の語彙研究は現在でも有用であるが、結論として推定された成立年代については支持する研究者はほとんどいない。その理由は、上記（4）の考察が極めて思弁的で、主観的だということに尽きるだろう。聖書ヘブライ語からミシュナヘブライ語への言語的転換がマカバイ闘争とその後の民族的高揚によって起こったという説は、まったく検証するに価せず、単なる空想にすぎないと切り捨てる研究者もいた（Reif 1981, pp. 120–126）。しかもまたコヘレト書の正典成立という歴史問題にも疑念が生じる。通説よりも著しく引き下げ、しかも紀元前152–145年という短い期間にコヘレト書が成立したという仮説はまったく問題外だとされたのである。関根正雄もそのことを指摘する（『旧約聖書序説』）。けれども、今日、推定されるコヘレト書の成立下限年代は、シュヴィーンホルスト・シェーンベルガーによれば紀元前152年、すなわち、クムラン宗団が祭儀共同体から離脱した年である（1997a）。その限りにおいて、ウィットレイの下限年代説はぎりぎり許容領域に入ると言うこともできる。

私見によれば、ウィットレイによるコヘレト書はベン・シラよりも、またダニエル書よりも後に成立したという指摘は当たっている。特にダニエル書の教えをコヘレトが知っているという指摘は妥当である。ただし、ウィットレイによれば、コヘレトはギリシア思想、とりわけエピクロス学派の影響を強く受け、そのためにペシミスティックな思想を展開しているのだとされる。これについては、緒論でも述べた通り、コヘレトはギリシア思想の影響ではなく、むしろダニエル書の黙示思想と対論しているのであって、そこにはコヘレトの戦略的な意図があるのである。この点をウィットレイは完全に見逃している。とはいえ、コヘレト書成立がダニエル書以後という分析結果において、コヘレト書の成立を特定できるというウィットレイの見解は極めて重要である。

3. ウィットレイ説の問題点

ウィットレイの最大の問題点は、やはりコヘレト書とミシュナヘブライ語との言語的近似性から安易な文学史的仮説を立てたことにある。社会的・文化的変動が言語的・文学的変質をもたらすという説明はあまりに思弁的な結論と言わざるを得ない。これを証明することは難しい以上、その仮説をもとにコヘレト書の成立を証明することはできない。しかし、ウィットレイがマカバイ闘争とクムラン共同体成立の間にコヘレト書の成立を見たことは注目に値する。ウィットレイの誤りは、クムラン宗団がエルサレム祭儀共同体を離脱したのが紀元前 140 年のシモンの支配者就任布告の直後と認識していることにあると思われる。シモンの就任布告がクムラン宗団離脱の直接的原因だとウィットレイは考えているようである。けれども、シューラーによれば、クムラン宗団の離脱はむしろ紀元前 152 年のヨナタンの大祭司就任直後である（シューラー『ユダヤ民族史Ⅳ』333 頁）。それは、歴史家ヨセフスがエッセネ派への最初の言及をヨナタンの時代としていることからも妥当だと思われる。すでにヨナタンの大祭司就任が神殿の汚辱という深刻な事態を引き起こし、敬虔な者たちの神殿離脱の原因となったのではなかろうか。クムラン宗団の最初の離脱をそのようにヨナタンの時代と考えるのが適切である。重要なことは、その頃の社会的事情がコヘレト書の中にも読み取れるということである。コヘレトはヨナタンを知っており、ヨナタンをめぐる政治的態度がコヘレト書においてはアンビバレントに表現されている（コヘ 4:13–16; 10:16–17）。私見によれば、クムラン宗団は反ヨナタンであり、コヘレトはヨナタン支持を表明している。それはまた、コヘレトの反黙示的姿勢と繋がっている。以上のことは本注解においても指摘している。

クムラン共同体にコヘレト書が持ち込まれ保持されたのは、この書が敵対者の書として読まれたからだと思われる。コヘレト書はクムラン共同体成立の最初期の状況を知っている。いずれにしても、ウィットレイの成立年代下限説は拒否されるべきではなく、極めて重要な意味を持っている。通説を覆すことになるが、旧約最後の書はダニエル書ではなく、コヘレト書である。ウィットレイが推定したとおり、コヘレト書の成立は紀元前150年頃と判断される。

2　日本のコヘレト研究について

日本におけるコヘレト研究はどのような歴史を辿ってきただろうか。旧約知恵文学の一書にすぎない小品のコヘレト書であるゆえ、ヨブ記のような研究史概説とはならないが、この書に取り組んだ研究者は数知れない。とりわけ1970年代以降が重要ではあるが、それ以前に遡って概観してみる。

コヘレト書研究としてまず名を挙げるとすれば、内村鑑三である。1915年の『伝道之書　研究と解訳』で内村はコヘレト書を詳論し、「神を離れて人生に真の幸福の無き事を教えるに於いて天下唯一の書」と見なし、コヘレトの知恵も知識も破綻したのだと理解した。イエスの教えとの対照性が指摘される。コヘレトを反面教師として評価するわけだが、コヘレト書12章の結末で神への畏れと戒めの遵守が説かれることにコヘレト自身の到達点をも見ている。コヘレト書を知者コヘレトの文書として素朴に読み取る点に内村の特徴がある。このような内村の解釈、すなわちコヘレトが人生の意義を探究して空虚と矛盾に到達したという教訓的解釈は、日本において一般的なコヘレト書理解となった。

1943年発行の黒崎幸吉編『旧約聖書略註』で「伝道之書」を担当したのは小池辰雄である。小池はコヘレト書の成立を紀元前3世紀末期から2世紀初期のギリシア時代と特定し、知者コヘレトがユダヤ教の伝統的思想に懐疑的となり、煩悶した結果が「空の空」であったと理解した。小池はまた、コヘレトは神を畏れることを否定しない点でいわゆる厭世家ではなかったと指摘し、そこに意義を見出す。小池はコヘレト書を編集された書と見ており、原著に編集者が加筆し、ソロモンに由来する如くに整えたために正典に編入されたとも指摘した。戦時中ではあるが、コヘレト書の聖書学的解釈を的確に提示したすぐれたコヘレト研究である。小池と並んで矢内原忠雄の『伝道之書講義』(1956年)も重要である。矢内原は、すべては空だから快楽に生きる道とすべては空なので造り主を信じる道、という二つの生き方をコヘレトは提示し、その選択を迫っているのだと解釈した。

戦後いち早く、日本の旧約学を欧米の水準まで高めたのは関根正雄である。1949年に刊行された『旧約聖書』において、関根はコヘレト書(伝道の書)がギリシア時代、紀元前3世紀に成立したものであり、古いユダヤ教的思想と新しいギリシア的思考が混在しているところに過渡期なる時代の所産として本書の特徴があると指摘した。この見解は基本的に今日のコヘレト研究において前提となっている(筆者はそれに異を唱えるけれども)。関根はまた、コヘレトの思考において、ギリシアの悲劇詩人ソフォクレスの厭世観やテオグニスの思想との類似性を見出し、コヘレトがギリシア思想と格闘していると説明した。関根は戦後の日本の旧約学の泰斗であるが、関根のコヘレト研究もまた70年代以降の日本のコヘレト研究の導線になったのは確かである。関根は常に欧米の最新のコヘレト研究と対論した。1985年刊行の『旧約聖書序説』では、関根はローフィンクの注解の書評に寄せて、コヘレトがユダヤ教とギリシア思想との狭間で呻吟しながら思考していると見た。

70年代以降のコヘレト研究で重要なのは中沢洽樹である。中沢は第二イザヤ研究で著名だが、コヘレト研究でも『「空の空」――知の敗北』(1985年)で、独自の見解を示した。中沢もまた、コヘレト書をギリシア時代の所産と説明する。ギリシア思想によって伝統的なユダヤ教の知恵が空洞化し、すべてを「空」と観るコヘレトは知の敗北者であると中沢は見る。知者として失格者であり、知恵の限界を見たコヘレトは反面教師でしかない。コヘレト書の内容をこのように否定的に見る見解もまた、70年代以降のコヘレト研究の一つの傾向である。

このコヘレト研究の延長線上で、関根清三はコヘレトをニヒリストだと喝破した。関根清三は『旧約における超越と象徴』（1994年）において、哲学的解釈によってコヘレト書を徹底的に読み解き、コヘレトの思想がニーチェやハイデッガーのニヒリズムの論理に類似することを説明した（第2章「ニヒリストとしてのコーヘレス」）。コヘレトを厭世主義者や懐疑家として説明するのではなく、現代の地平における「ニヒリスト」として定義するところに関根の特徴がある。この見方もまた日本のコヘレト研究の一つの到達点である。

以上を概観すると、いずれの研究者も無教会の指導者たちであり、無教会の研究者が日本のコヘレト研究を主として担ってきたと言えるだろう。さらにまた、主にドイツ語圏のコヘレト研究の知見を踏まえているということも特徴として指摘できるであろう。

多少前後するが、戦後のコヘレト研究では脇屋義人（「伝道の書」『旧約聖書略解』〔1957年〕所収）や浅野順一（『伝道の書・雅歌・哀歌』〔1967年〕）を加えておく。70年代以降のコヘレト書研究史においては、西村俊昭の業績が見逃せない。西村は知恵文学の研究領域において、とりわけコヘレト書を詳細に論じた。大著『「コーヘレトの言葉」注解』（2012年）はその集大成である。西村はリクールの構造主義的解釈の方法を援用し、コヘレト書を分析した結果、コヘレト書の思想構造がダニエル書と対照的であることをも示した。西村の注解では、コヘレト書の語彙が徹底的に分析され、旧約におけるコヘレト書の語彙の特殊性が見事に解き明かされた。ただし、コヘレト書の歴史的な背景については言及されず、語彙の分析に徹する点には課題が残る。

西村と同世代でコヘレト書を論じた研究者として木田献一、並木浩一がいる。木田は歴史的・編集史的方法で、コヘレト書を分析した。並木は西村の方法論と真っ向から対立し、思想史的方法でコヘレト書の思考を説明した。ギリシア・ヘレニズム時代を背景とする知者コヘレトが独特な思考で伝統的ユダヤ教と対峙したのであり、その知恵的思考の枠組みが此岸的である点を並木は指摘し、彼岸的かつ決定論的である黙示思想との相違を見ている。研究史的には扱えないが、独特なスタイルでコヘレトの世界を紹介した池田裕の名前も挙げておく。

2000年代に入って、鎌野直人のコヘレト研究が注目される。鎌野は、*Cosmology and Character: Qoheleth's Pedagogy from a Rhetorical-Critical Perspective* (2002) で修辞批判的方法によってコヘレト書を分析した。コヘレト書は一貫して教育的な意図で書かれていることを鎌野は論証する。コヘレト書を統一的に読み解くという90年代以降の欧米の研究史的動向において、この優れた研究は忘れられてはならない。

最近のコヘレト研究では、岩波版『旧約聖書』(1998年) でコヘレト書を扱った月本昭男と勝村弘也の研究もまた重要である。月本は古代オリエント世界という文脈の中で、コヘレト書の独自性を読み解く。また、勝村は最近の研究史的状況を踏まえて、独自の新たな解釈を試みる (『新共同訳旧約聖書注解Ⅱ』〔1994年〕所収)。さらに、死海文書からの新たな読み取りにも取り組んでいる。月本、勝村のほか、現在、コヘレト書を研究領域としている研究者として小林洋一、佐々木哲夫、加藤久美子などがおり、筆者もまたその一人である。

最後に、上村静のコヘレト研究にも触れておく。『キリスト教の自己批判』(2013年) の中で、上村はコヘレトの思想が徹底して此岸的であり、現世肯定である点に注目した。厭世的なのはコヘレトではなく、黙示思想であり、その点でコヘレトの思想が反黙示であると上村は見ている。これは、筆者のコヘレト理解と同じ線上にある。上村は、コヘレトの存在論が聖書の創造論という枠組みにおいて、イエスの思想とも繋がる点をも強調する。コヘレト書の創造論的な読み取りが新約聖書の解釈に新たな光を与えるという見解は注目に値する。

注　解

表題、標語、詩文（1:1–11）

【翻訳】

表題

1章

1 ダビデの子、エルサレムの王、コヘレトの言葉。

標語

2 ほんの束の間[a]、とコヘレトは言う。ほんの束の間、すべては束の間である。

導入の詩：完成のない世界

3 人には何の益があろうか。太陽の下で人が労苦するすべての労苦においては。
4 一代過ぎればまた一代が起こる。
大地は永遠に留まる。
5 太陽は昇り、太陽は沈む。
その場所をあえぎ求め、またそこに昇る。
6 南に向かい、北へ巡り、
巡り巡って風は吹く。巡り続けて風は戻る。
7 すべての川は海に注ぐが、海は満ちることがない。
どの川も流れる場所へと向かい、繰り返し流れていく。
8 すべての言葉[b]は果てしなく、語り尽くすことができない。
目は見飽きることなく、耳は聞いても満たされない。
9 すでにあったことはこれからもある。すでに起こったことはこれからも起こる。
太陽の下、新しいものは何もない。
10 見よ、これこそ新しい、と言われるものがあるとしても、
われわれのはるか前にすでにあった。
11 昔の人々[c]が思い起こされることはない。
これから現れる後の人々についても。
彼らは終わりに現れる人々と共に、思い起こされることはないだろう。

a:「束の間」は「空」あるいは「空しさ」とも訳せる。

b:「すべての言葉」は「すべての事柄」とも訳せる。

c:「昔の人々」は「昔のこと」とも訳せる。

【形態／構造／背景】

1節の「ダビデの子、エルサレムの王、コヘレトの言葉」は本書の表題である。「ダビデの子」という表現から、これをソロモンと同定し、本書を史実的にソロモンの作とする考え方があるが、現在の旧約聖書学ではそのように考えることはまずない。すでに緒論で説明したように、本書の独特な語彙の使用例などから、本書を紀元前10世紀の統一王国時代の背景において説明することはできないからである。ソロモンは知恵文学では知恵の権威を示すが、そのソロモンをほのめかす表題が付されることは、多くの学者が指摘するように本書の正典化を意図したものであるかも知れない。けれども、「エルサレムの王」という言葉は12節の王の虚構と連関しており、この表題が本書の内容と切り離せないことに注目しなければならない。すなわち、この表題があるなしにかかわらず、本書はソロモンの虚構を内容に組み込んだ文書だということである。

2節は本書の標語であって、12:8と対応している。とりわけ「ほんの束の間、すべては束の間である」はまったく同一の表現である。これは本書全体の枠組みを構成している。

3節から11節はいわゆる導入の詩文である。この1:3–11は本書の締め括りの詩文12:2b–7と構造上、対応している。この導入の詩文の構成は次の通りである。

3節　：問いとしての導入文

4–7節　：宇宙論／12:2に対応

8–11節　：人間論／12:3–7に対応

この宇宙論から人間論へという詩文の展開は、興味深いことに、締め括りの詩文12:2b–7の場合も同様である。コヘレトは本書の導入と締め括りに印象的な詩文を置くことによって、本書の執筆の意図をほのめかしているように思われる。この宇宙論から人間論への展開において重要となるキーワードは「回る」（サーバブ：6節に4回）、「巡る」（シューブ：6, 7節）、「満ちる」（マーレー：7, 8節）である。宇宙が永遠に繰り返すというモチーフは、人間も完成がないというモチーフと繋がり、詩文において一貫した主題となっている。

この詩文の背景にギリシア的永遠回帰の思想の存在を想定しようとする試みは有効ではない。コヘレトはギリシア的世界観に影響されているのではなく、歴史の終末を見る観方への疑念が彼の背景にあるからである。

【注解】

1節　書名「コヘレト」は1節の表題「**コヘレトの言葉**」に由来する。コヘレトとは動詞カーハルの分詞女性形である。カーハルは「集める」あるいは「集まる」を意味する。したがって、コヘレトとは「集める者」である。何を集めるかについては、格言を集めるという意味と共同体の集会を開催するという意味がありうる。12:9はそれを予想させるが、旧約におけるカーハルの用例から考えれば、むしろ後者の意味が適切である（王上8:1参照）。ギリシア語七十人訳の書名エクレーシアステースもその認識に由来するものであって、「集会者（の書）」という意味である。「コヘレト」が分詞の女性形であることは奇異な印象を与えるが、これは旧約では職務や職能に関係する。捕囚後の文書であるエズラ記やネヘミヤ記にその用例が幾つか見られる。たとえば、「ソフェレト」（エズ2:55; ネヘ7:57）は人名というよりも、「知恵ある職能者」という意味である。「コヘレト」もそのようなものとして、集会を司る者と説明される。その限りにおいて、コヘレトは著者のニックネームと理解することもできるだろう。ちなみに、ドイツ語ルター訳の書名はPrediger Salomo「説教者ソロモン」である。かつての口語訳の書名「伝道の書」はこの影響を受けているようだ。説教者は伝道（者）に通じる意味を有するからである。本書の著者はこのコヘレトである。コヘレトは12:9によれば、知恵の教師であったが、人物像はよくわからない。コヘレトについて、本節ではさらに「**ダビデの子、エルサレムの王**」と紹介される。「ダビデの子」でソロモンがほのめかされはするが、ソロモンの名を直接には語っていないことが重要である。12

節以下で「王の企て」を語る著者コヘレトは自らがソロモン王であることを告知しているかに見える。けれども、本書の著者がソロモンではないことは、先に触れたとおり、ほとんどの学者によって合意を得ている。問題は、なぜ本書において「ソロモン」が重要となるのか、である。ソロモンの名は知恵文学では知恵の権威として認められ（箴 1:1; 雅 1:1）、それが本書の正典化に関係していると推定することは可能である。しかし、後の編集者がソロモンの権威を借りて正典化を目論んだとすると、本書執筆の意図は霞んでしまう。本書の著者がソロモンをほのめかすことと正典化の問題は別々に考える必要があるのではないだろうか。コヘレトがソロモンであることを示唆する表題の記述は、本書において文学的虚構として有効に機能している。著者の偽名性は黙示文書の際立った特徴であることを鑑みると、本書でコヘレトがソロモンにかこつけて語るのはむしろ黙示文書を揶揄するコヘレトの戦略と見ることができる（緒論参照）。

2節　本書において「束の間」（ヘベル）は 38 回用いられる。旧約全体でヘベルは 73 回の用例であるから、本書でこの語が多用されるのは極めて特徴的である。ヘベルは通常「空しい」（新共同訳）とか「空」（口語訳）と訳される。「空しさ」vanity のほか、学者によって、さらに「無益」futility、「空虚」emptiness、「儚さ」ephemerality、「無意味」meaningless、「無」nothing、「不条理」absurd、「皮肉」irony、「神秘」mistery、「謎」enigmatic など、様々に訳される。これらの訳語の中から、ヘベルを「空」と訳すならば、「色即是空」で知られる般若心経に見られるような仏教的思想との類似性におのずと関心が向くだろう。また、「空しさ」と訳せば、方丈記や平家物語に見られるような無常観が醸し出される。けれども、いずれも本書との関係性を文献学的／思想史的に説明することは難しい。本注解ではヘベルを「束の間」と訳す。緒論でも指摘した通り、本書でヘベルは基本的に時間的な短さを示しているからである。実際、9:9 では人生の日々についてヘベル（短い）と形容されている。コヘレトは人生の短さを、あるいはまた青春を「束の間」と表現するのである（11:10 参照）。これは、カインの弟アベルがヘブライ語ではまさしく「ヘベル」と表記され、短い人生を歩んだことと関係している（創 4:2）。ヘベルはそのように時間的な短さを基本とし、さらに内容的な儚さがしばしば付随する概念である。実際、本書ではこのヘベルの直後にしばしば「風を追うことである」と続く。風も息も瞬時に消え去る。さて、この2節冒頭の**「ほんの束の間」**（ハベール・ハバーリーム）は字義通りには「束の間の束の間」であって、文法的にはヘベルの最高級の表現である。ちなみに、雅歌（シール・ハッ・シリーム。字義通りには「もろもろの歌の歌（song of songs）」）は「最高の歌」という意味であることが知られている。コヘレトはここで「ほんの束の間」を訴えるのみならず、「すべては束の間」と語る。重要なことは、締め括りの12:8でも同様に「ほんの束の間」と「すべては束の間」が主張され、この表現が本書全体の枠組みになっていることである。

3節　**「人には何の益があろうか」**は、ここから始まる冒頭の詩文の導入をなす問いである。「益」（イトローン）はコヘレト書にのみ見られる特徴的な用語である（2:11, 13; 3:9; 5:8, 15; 7:12; 10:10, 11）。経済／商業用語としても知られている。シアウ（シアウ 2002:8–14）はその背景にペルシア帝国の経済政策との関連を指摘するが、証明できない。コヘレトは、地上のあらゆる労苦から人が獲得する実益を束の間の儚いものと見なし、それについて問いを提示している。イトローンの語根であるヤータルは「残る」「残される」を意味し、コヘレトは残された時間の「益」ということをイトローンという語に見ているようだ。「益」を問う問いに対する答えは否定を予想させる（2:11参照）が、地上でなすべき労苦そのものをコヘレトが否定的に見ているわけではない。むしろ、コヘレトの意図としては、本書後半の「すべてについて、あなたは力を尽くして行え」（9:10）というような人生肯定の呼びかけへと向かっている。この問いはこの詩文のあと、3:9でも繰り返される。**「太陽の下で」**はこれから始まる宇宙論的叙述の導入として意味づけられる。この「太陽の下で」はコヘレト書における特徴的表現であって、コヘレトが此岸的思考に徹していることを説明する（「天の下で」も同様）。

4節　4–7節では独特な宇宙論が展開されるが、最初の4節は種としての人間の存続について語る。**「一代」**（ドール）はあるいは「世代」でもあって、宇宙の構成要素としての人類を示す。その意味で、ここでは人間論なるものが展開されているとは判断できない。人間の生命過程もまた誕生、成長、老化、死による世代交代という仕方で循環的性質を示すということである。また、大地も永遠に存続する。ただし、ここでの「**永遠に**」(レ・オーラーム)には歴史を超えた彼岸的な意味はなく、ただ単に自然の永続性／持続性を示すにすぎない。ここでは、宇宙論的破局のような終末認識が否定されているのであって、そこにコヘレトの意図がある。

5節　天体では太陽が上昇と下降(日の出と日の入り)を永遠に繰り返す。ここにはもちろん近代的な天体認識はない。「**その場所をあえぎ求め**」は、太陽がひたすら上昇と下降を繰り返す様子を表現している(詩19編を参照)。この永遠の繰り返しというモチーフにおいて、循環性が示され、完結性が否定される。4節と同様に終末論的な宇宙の破局が否定されている。

6節　「**風**」(ルーアハ)は絶えず吹き、巡り巡る。風もまた宇宙の構成要素であって、完結はしない。その点で、人類(4節)や太陽(5節)の場合と同一である。ここでは「**巡る**」(サーバブ)が4回繰り返され、循環性が強調される。これは終わりの否定である。

7節　川もまた循環的性質を示す。それは、川は絶えず上流から下流へと流れ続け、海に注いでも海は決して溢れることがないからである。この「**満ちることがない**」という表現において宇宙論的な完結性が否定される。このヘブライ語「満ちる」(マーレー)は、ダニエル書9:2では「時が満ちる」という表現で終末論的意味を示す。そこでは、エレミヤが預言した70年が「満ちる」ことが問題となっている(エレ25:12; 29:10)。コヘレトはこのような終末論的成就を否定し、満ちることを否定するのである。

8節　8–11節では人間論が提示される。「**言葉**」(ハッ・デバリーム)は「事柄」とも訳しうるが、続く「語り尽くす」という表現との関係から「言葉」と訳すのが適切である。3–7節の宇宙論的記述の直後に「**すべての言葉は果てしなく**」と表現されるのはいかにも唐突だが、宇宙論における非完結性と循環性のモチーフは連続している。ちなみに新共同訳「何もかも、もの憂い」は意訳であって、コヘレトの意図を反映してはいない。「**語り尽くす**」は口、「**見飽きる**」は目、「**聞いても**」は耳をそれぞれ示し、明らかに人間論的な考察に移行している。この宇宙論から人間論への移行において、「**聞いても満たされない**」は「海は満ちることがない」(7節)と呼応していることがわかる(12章の詩文と比較せよ)。満たされないことは、完成しないことをもじった表現である。

9節 「**すでにあったことはこれからもある**」は歴史の循環をほのめかす。「**すでに起こったことはこれからも起こる**」は同一の意味である。歴史は決して完結せず、満ちることはない。これは第二イザヤの終末論的記述と著しい対照をなしている。「初めからのことを思い出すな。昔のことを思いめぐらすな。見よ、新しいことをわたしは行う」（イザ 43:18–19）。コヘレトはこのような終末論を拒否するのである。

10節 9節で提示された「新しいもの」への懐疑が繰り返される。この新しさの否定は将来に対する懐疑であり、歴史の循環というモチーフと繋がる。

11節 「**昔の人々**」は「初めの人々」とも訳せる。これは「**後の人々**」と対応している。「**終わりに**」は、アハローナー（女性単数形）に前置詞がついたものである。「**思い起こし**（記憶）」（ズィクローン）はコヘレト書に多く見られる特徴的な用語（ズィカローンの合成形。2:16）。「思い起こし／記憶」は過去についての時間的概念だが、それがここでは奇妙なことに過去についてだけでなく、将来についても懐疑的な結論に至る。このような将来への懐疑は、コヘレトにおける終末論的な思考の拒否と言ってよい。コヘレトは「後の人々」から、さらに「終わり」についての記憶をも否定する。初期クムラン宗団は、終末の時代に生きる「終わりの共同体」という自己認識を有したことが知られており（『会衆規定』1QSa の冒頭）、コヘレトはこのような黙示集団を辛辣に揶揄していると説明することができる。

【解説／考察】

コヘレトはエルサレムの王という虚構から本書の記述を開始する。ソロモンを示唆するこの「エルサレムの王」が発する言葉は「ほんの束の間、すべては束の間」という本書の主題である。この「束の間」（へベル）を「空しさ」と訳すならば、コヘレトがすべてを否定的に見ているとの認識が生まれる。悲観的な結論を読み取ってしまいそうな記述が確かにされてはいる。けれども、コヘレトはただ単に「空しい」と嘆いているのではない。へベルは時間的な短さを示し、したがって、コヘレトは人生が短く、束の間であるという事実を表明しているにすぎない。このように人生が束の間であることは、逆説的だが、むしろそれをどう生きるかを深く考えるきっかけとなる。コヘレトはこの導入の詩文で宇宙について語り、また人間について語る。宇宙は循環し、完結せず、満ちることはない。コヘレトにとって宇宙の終末はなく、太陽も風も川も永遠に循環するだけである。これは、創世記の表現「地の続く限り、種蒔きも刈り入れも、寒さも暑さも、昼も夜も、止むことはない」（8:22）を髣髴とさせる。コヘレトはこのようなイスラエルの伝統的な時間認識に足場を持っている。これについて、「時の円環」（エムペドクレス）などギリシア哲学に見られる永遠回帰の思想との親和性を見ることは可能である。けれども、コヘレトの関心はそこにはない。コヘレトはむしろ旧約の伝統に従って、終末論的思考の否定を強く意識し、宇宙論的終末を拒否するのである。コヘレトによれば人間は満たされず、満ちることがない。すなわち、人生は完成することなく、未完成のまま死で終わるということである。このモチーフは、構造上この段落と対応する結末 12:2b–7 にも当てはまり、その限りにおいてコヘレト書全体を一貫する。コヘレトは冒頭から反終末論を全面に押し出している。コヘレトはそもそもこの世界に終末があるなどとは考えない。過去にあったことはこれからも起こる。将来に対するコヘレトの懐疑は絶望的な結論であるかに見える。果たして人はそのような歴史認識に耐えうるだろうか、という問いが生じる。けれども、コヘレトは決して人生を放棄せず、終末の完成がない世界の只中で、短い「束の間」の人生をどう生きるかを徹底して考えようとしているのである。

独白——王の企て（1:12–2:26）

【翻訳】

王の企て

1 章

12 わたし、コヘレトは、エルサレムでイスラエルの王であった。
13 わたしは知恵によって、天の下でなされるすべてのことを尋ね究めようと、
心を尽くした。それは、神が人の子らに与えて、苦労させるつらい務めであった。
14 わたしは太陽の下で行われるすべての業を見た。
見よ、すべては束の間であり、風を追うことである。
15 曲がったものはまっすぐにはならず、失われたものは数えられない。
16 わたしは自分の心に語りかけて、こう言った。
「見よ、わたしより前にエルサレムにいた誰にもまさって、わたしは偉大になり、
知恵を増し加えた。」
わたしの心は多くの知恵と知識を見極めた。
17 わたしは一心に知恵を悟ろうとし、また狂気と愚かさを悟ろうとした。
わたしは知った。これもまた風を追い求めることであると。
18 そうだ、知恵が多ければ、悩みも多い。
知識が増し加われば、苦しみが増す。

2 章

1 わたしは心の中でこう言った。
「さあ、わたしは喜びに浸ろう[a]。良いものを見よ[b]。」
見よ、これもまた束の間である。
2 笑いについて、わたしは無意味だと言い、
また喜びについては、これが何になる、と言った。
3 わたしは葡萄酒で体を刺激しようと心に決めた。
わたしの心は知恵で導かれるが、天の下、人の子らの短い人生で何が良いこ
とかを見るまで、わたしは愚かさに身をゆだねた。
4 わたしは事業を拡大した。

自分のために邸宅を建て、自分のために葡萄園を設けた。
5 自分のために庭園や楽園を造り、そこにあらゆる果樹を植えた。
6 自分のために池を造り、それによって樹木の生い茂る森林を潤した。
7 男女の奴隷を手に入れ、さらに家の子らがわたしにはいた。
所有する牛や羊の数も、わたしより前にエルサレムにいた誰よりも多かった。
8 わたしは自分のために銀や金も蓄え、王たちの財宝や諸州を所有した。
自分のために男女の歌い手を揃え、人の子らの喜びである側女たち[c]を置いた。
9 わたしより前にエルサレムにいた誰よりもわたしは偉大な者となり、栄えた。
知恵もまたわたしに留まった。
10 わたしの目に好ましいものすべてをわたしは拒まなかった。
わたしはすべての喜びから心を引き離さず、わたしの心はすべての労苦を喜んだ。
これが、すべての労苦から得たわたしの分け前であった。
11 けれども、わたしは振り返った。わたしの手がなしたすべての業、またわた
しがなそうと労した労苦を。
見よ、すべては束の間であり、風を追うことである。太陽の下に益はない。
12 また、わたしは振り返って、知恵を見、また狂気と愚かさを見た。
そうだ、王の後にやって来る者が、すでになされたことをするだけなら、何に
なるか。
13 わたしが見たところでは、光には闇よりも益があるように、知恵には愚かさ
よりも益がある。
14 知者の目は頭にあるが、愚者は闇の中を歩む。
けれども、わたしは知った。両者に同じ運命が臨むことを。
15 わたしは心の中でこう言った。
「愚者の運命はわたしにも臨む。わたしが知者になっても何になるか、これは
利益なのか[d]。」
そこで、わたしは心の中で、これもまた束の間である、と語った。
16 そうだ、知者は愚者と同様に、永遠に思い起こされることはない。
なぜなら、やがて来る日にはすべてのことが忘れ去られるからである。
知者が愚者と共に死ぬとはどういうことか。
17 わたしは人生を厭う。
なぜなら、太陽の下で行われる業がわたしにとってつらいからである。

そうだ、すべては束の間であり、風を追うことである。
18 太陽の下でわたしがなすすべての労苦をわたしは厭う。
なぜなら、わたしの後に来る者にそれは引き渡されるのだから。
19 その者が知者か愚者か、誰が知るか。
太陽の下で知恵を尽くしてわたしがなしたすべての労苦を彼が支配する。これもまた束の間である。
20 太陽の下でわたしがなしたすべての労苦に、わたしの心は絶望するほかなかった。
21 知恵と知識と才能を尽くして労苦した人は、労苦しない人にそれを分け前として譲らなければならない。これもまた束の間であり、大いに不幸なことである。
22 そうだ、太陽の下で人がさんざん労苦し、心を尽くしたところで、人に何が残るか。
23 そうだ、人の一生は苦しみ、また人の務めは悩み。
夜も心は休まることがない。これもまた束の間である。
24 食べて飲み、その労苦によって魂に良いものを見せること[e]、それ以外に人に幸いはない[f]。
それもまた神の手から与えられるものだとわたしは見ている。
25 そうだ、このわたしのほかに[g]誰が食べ、誰が楽しむというのか。
26 そうだ、神の前で良き人に神は知恵と知識と楽しみを与えられる。
また罪ある人には集めて積み上げる務めを与え、それを神の前で良き人に与える。これもまた束の間であり、風を追うことである。

a:「わたしはお前を試そう」と訳すのが一般的だが、文法的には語根アーサクのピエル形で説明することがむしろ正しいと思われる。したがって、「わたしは浸ろう」と訳す。

b:「良いものを見よ」は「楽しめ」と訳すことも可能。

c:「側女たち」は意味不明のヘブライ語である。

d: 原文のアーズヨーテールを BHS ではエーンヨーテール「利益がない」と読み替える。

e:「魂に良いものを見せる」は「魂を満足させる」という意味。

f: 原文には関係代名詞シェの前に前置詞ミン（「それ以外に」）がないので、そ

れを補って訳す。

g:「このわたしのほかに」は七十人訳では「神なしに」と訳される。

【形態/構造/背景】

12節の導入は一人称で、コヘレトが「イスラエルの王」であったことを表明する。その王はソロモンであることをほのめかす。この一人称の独白文である「王の企て」は2章の最後まで続く。本書の構造において、この「王の企て」は9:7–10および11:7–12aと対応する(緒論を参照)。9:7–10/11:7–12aはいずれも二人称を多用する「対話」であり、1:12–2:26の「独白」と対照的である。コヘレトがこの王の独白を、本書の後半では対話という積極的な方向に展開していることは注目されねばならない。本書におけるその構造の対照性において、この王の企てはパラドックスを招くきっかけとなっている。さて、この部分は四つの段落に分かれる。1:12–18; 2:1–11, 12–21, 22–26である。いずれの場合も「束の間である」あるいは「風を追うことである」という定型句が結論となる。第1段落はソロモン王が最高の知者であったことに寄せて、コヘレトは知者の宿命を語る。第2段落はソロモン王が最高の富者であったことに寄せて、コヘレトは富者の宿命を語る。第3段落は、ソロモン王が自らの後継者に失望したことに寄せて、コヘレトは「後に来る者」への懐疑を語る。これら三つの段落はいずれも懐疑的な結論に至り、第4段落で最終的な結論が述べられる。

自然の循環を語る導入の詩文とはまるでかけ離れた内容の「王の企て」だが、この文学的虚構はコヘレトによって考え抜かれている。ソロモンに身を重ねたコヘレトは主題的に「満たされない王」を語ることにおいて、導入の詩文における「満ちない」「完成しない」というモチーフを展開しているのである。「満ちない」という宇宙論的表現は、「満たされない」という人間論的表現と同一で、両者には意味的な響き合いがある。ソロモンもまた満たされない王なのである。また、後継者に象徴される「後の人々」(=後から来る者)への懐疑において将来への絶望が提示され、これもまた導入の詩文に見られた時間論的帰結との整合性を示している。

【注解】

（第 1 段落）1 章 12–18 節　知者としての王の企て

12 節　コヘレトが一人称で語る独白の始まりである。コヘレトは王として語るけれども、もちろん虚構である。これは表題 1:1 の内容と一致する。「**イスラエルの王**」としての自己紹介においてソロモンが想起されるが、これは 1:16 において確かめられる。

13 節　王が知恵によってすべてを探求しようと企てる。かつてソロモンは知者として有名であった（王上 3 章）。その知者ソロモン王の口を通して、知恵の探求が「**苦労させるつらい務め**」であることが告白される（3:10 参照）。「**天の下で**」はコヘレトの徹底した此岸的思考を示す表現である。これは「太陽の下」と同一の意義を有する。「**務め**」（インヤン）はコヘレト書だけに見られる特殊な用語で、アラム語からの借用語である（2:23, 26; 3:10; 4:8; 5:2, 13; 8:16）。「仕事」「煩わしさ」「骨折り」「懸念」というニュアンスを含む。

14 節　知者として王が見出した結論が述べられる。「**見よ、すべては束の間であり、風を追うことである**」はコヘレト書の特徴的表現。これは 1:3 の問いに対する一つの結論である。「風を追う」（レウート　ルーアハ）はコヘレト書にしかない（2:1, 17, 26; 4:4, 6; 6:9）。「追う」と訳したレウートには「羊を飼う」「牧する」という意味がある。また「喜ぶ」「欲する」という意味もある。多くの学者はホセア書 12:2 の用例との類似性から「風を追う」と翻訳する。

15 節　おそらく当時の格言の引用であろう。いわば「無い袖は振れない」というような皮肉を表現している。知者として知恵を探求しようにも、限界があることを示したのである。

16 節　ここで、コヘレトはついに最高の知者として振舞う。ソロモンが最高の知者であったことを想起させ、コヘレトは自らが「**知恵と知識を見極めた**」と告白する。

17 節　「**狂気**」（ホーレーロート）も「**愚かさ**」（シクルート）もコヘレト書にのみ見られる特徴的な言葉である。コヘレトは「知恵」と並行して、しばしば「狂気」（ホーレーロート）と「愚かさ」（シクルート）を二語一意として語る（2:12; 7:25）。ここに出てくる「シクルート」だけは子音字がサメクではなく、スィンから始まる。スィンから始まるシクルートの語根サカルは本来、「賢くなる」という意味である。その限りにおいて、賢さ＝愚かさという皮肉な言葉遊びが読み取れる。おそらく、これはコヘレトによって意図された謂いである。このシクルートは、注目すべきことに、ダニエル書で黙示的指導者を意味するマスキーリームと同根である（11:33; 12:3）。コヘレト書はこの巧妙な言葉遊びによって黙示批判を企てていることが予想される。「狂気」も「愚かさ」も本来は「知恵」の対立概念である。けれども、最高の知者である王が知恵をとことん探求した結果、「**風を追い求めることである**」と皮肉な結論に至る。この「追い求める」（ラアヨーン）は、1:14の「追う」（レウート）と同義であり、4:16にも見られる。

18節　格言的表現で段落が締め括られる。「**悩み**」カアスは「苛立ち」や「怒り」とも訳すことができ、コヘレトに頻出する（2:23; 5:6; 7:3, 9; 11:10）。最高の知者において知恵が悩みを生み出し、知識が苦しみを助長するのは実に皮肉である。けれども、この落差の大きさにおいて、「満たされない」あるいは「完成しない」という導入詩文のモチーフが響いている（1:7, 8参照）。

（第2段落）2章1–11節　富者としての王の企て

1節　コヘレトはソロモンに身を重ねて「**喜び**」に浸ろうと呟く。「**良いものを見よ**」とは「楽しめ」ということである。この表現は2:24; 3:13; 5:17にもあり、「満足する」とも訳すことができる。ソロモン王は最高の知者であるのみならず、最高の富者でもあった（王上10章）。この富者ソロモンの企てをコヘレトは虚構において試みる。

2節　コヘレトは「**笑い**」についても、また「**喜び**」についても否定的な結論を出す。

3節　コヘレトは葡萄酒に酔いしれる。酒はコヘレトが好むものである（9:7）。本書においてコヘレトが「飲むこと」を賞賛する場合にはこの葡萄酒を指す（2:24参照）。「**人の子らの短い人生で**」において、コヘレトの時間感覚がはっきりと示される。コヘレトが人生を短いと自覚することは、ヘベル（束の間）と響き合う。「**愚かさ**」（シクルート）は1:17に引き続いて出てくる用語である。

4節　王であるコヘレトは事業を拡大する。「**自分のために**」という用語は9節まで繰り返される。自らの欲求に従って事業をするのだ、という意図である。まず、「**邸宅**」を建て、「**葡萄園**」を設けた。邸宅も葡萄園も富の象徴である。

5節　さらに、「**庭園**」や「**楽園**」を造った。「楽園」（パルデース）はペルシア語に由来する。パラダイスはこの語に起源する。コヘレト書が語彙上、捕囚後（ペルシア時代以降）に由来するという判断はこの言葉の使用にも因っている。この楽園のイメージは創世記の楽園物語と結びつくだろう（雅歌も同様）。この楽園物語のイメージは王の企てにおいては、コヘレトの論敵を揶揄するという意図が暗示され、パロディーとして機能している。

6節　「**池を造り**」とは灌漑用の水路や溜池を造ったということ。樹木や果樹を植えるためには必要な大事業である。

7節　「**男女の奴隷**」は軍事的戦略により獲得した奴隷を意味し（王上9:21）、「**家の子ら**」は代々その家に仕える僕たちを意味する。所有する牛や羊の多さが強調され、王であるコヘレトの富の絶大さが説明される。「**わたしより前にエルサレムにいた誰よりも**」は次の9節にも出てくる表現。最も富み栄えたソロモンをほのめかす表現である。

8節　「**銀**」や「**金**」、さらには「**財宝**」をも所有した。これらもソロモン王の富をほのめかす（王上10:14–29）。「**諸州**」（メディノート）はペルシア帝国の属州を意味する用語である（5:7に単数で出てくる）。「**側女たち**」（シッダー　ウェ・シッドート）は旧約でここにしか出てこない奇異な表現である。このヘブライ語は意味不明としか言いようがない。ゴルディス（Gordis 1955:208–209）などの学者により、女性の「胸」や「乳房」を暗示する婉曲的表現と説明することができる。それによって王宮の側女たちを指していると推定できる。

9節　最高の富者であることの結論。同時に最高の知者であることも確認される（王上10:23）。

10節　コヘレトは好ましいものはすべて手に入れ、人生のありとあらゆる喜びを味わった。それをコヘレトは「**分け前**」（ヘーレク）と呼ぶ。これは神から与えられた賜物あるいは嗣業ということである。コヘレトのキーワードでもある（2:21; 3:22; 5:17, 18; 9:6, 9; 11:2）。コヘレトは徹底して此岸的に考えるにもかかわらず、神からの賜物という信仰的捉え方をしている。

11節　最高の富者であったコヘレトの結論は、「**すべては束の間であり、風を追うこと**」である。コヘレトが先に最高の知者として見出した結論と同じである（1:14, 17）。「**太陽の下に益**（イトローン）**はない**」は、1:3の問い「太陽の下で……人には何の益（イトローン）があろうか」に対応している。

（第3段落）2章12–21節　王の後継者への疑念

12節　ここでまた、コヘレトは「**知恵**」「**狂気**」「**愚かさ**」を繰り返す。「**王の後にやって来る者**」とは、王の後継者を意味する。その人物が「**すでになされたことをするだけなら、何になるか**」は、後継者に対するコヘレトの懐疑を示している。これによって、ソロモン王の後継者レハブアムが王国統治に失敗し、王国が分裂を余儀なくされたことが示唆される（王上12章）。アラム語タルグムもそのように解釈している。レハブアムは愚かな後継者であった。ソロモンが苦労して統一王国を盤石にしても、後継者によってそれが失われるとすれば皮肉である。コヘレトはこのレハブアムを暗に示しつつ、「後にやって来る」という将来的事柄に対して不信を表明するのである。

13–14節　コヘレトは知恵が愚かさより益（イトローン）があることを認める。「**知者の目は頭にあるが、愚者は闇の中を歩む**」は、それを説明する当時の諺の引用であろうか。けれども、そのあと、知者にも愚者にも「**同じ運命**」が臨むとコヘレトは挑戦的に語る。この「運命」ミクレーは本書以外にはサムエル記上6:9と20:26およびルツ記2:3にしか用例がなく、本書において特徴的な用語である。ここで指摘される愚者はレハブアムをほのめかし、知者ソロモンとの対照性を浮き彫りにする。

15節　この「**運命**」（ミクレー）とは人間の死を指している（次の16節参照）。知者であるからといって愚者と同じ運命が臨むとすれば、知者になっても無益だと言うしかない。それゆえに、コヘレトはこれもまた「**束の間である**」と呟く。この「束の間」（へベル）は時間的意味であって、まさしく死へと向かう人間の運命を表現している。

16節　愚者と同様に知者においても「**思い起こされる**（記憶）」（ズィクローン）が否定される。これは1:11の表現の繰り返しである。「**やがて来る日**」に対する不信が示されるが、それもまた1:11の繰り返しである。コヘレトは導入の詩文の最後では将来に対して疑念を示し、終末的思考を拒否した。その結論をこの王の企てにおいても提示している。

17節　「**人生を厭う**」とは悲観的で絶望的な結論のように思われる。この生への絶望は、たとえば預言者エリヤが「自分の命が絶えるのを願って言った」を思い起こさせる（王上19:4）。しかし、コヘレトはここではあくまでソロモン王に身を重ねた文学的虚構において語っているのであり、これを字義通りに受け取って、コヘレトが自殺願望を抱いていると見るのは早計である。本書においてコヘレトは生きることに積極的態度を示していることを見過ごしてはならない（9:4）。

18–19節　12節と同様に、後継者に対する懐疑が示される。労苦したすべての実りを後継者に引き渡すことはコヘレトにとって厭わしい。この「**後に来る**」も12節の「後にやって来る」と同様に将来的時間の表現であり、これをコヘレトは拒否する。コヘレトは将来に対して嫌悪を表明するのであって、これもまた終末論的思考の拒否である。

20–21節　後継者に対する懐疑は、要するに、「**労苦しない人にそれを分け前**（ヘーレク）**として譲らなければならない**」からである。

（第4段落）2章22–26節　王の企ての結び

22節　コヘレトはここで王の企ての結論を述べるが、ここには1:3の問い「人には何の益があろうか。太陽の下で人が労苦するすべての労苦においては」が否定的にこだましている。

23節　最高の知者であり、また最高の富者であったソロモン王はすべての労苦を尽くした結果、人の務めは苦しみと悩みであることを知る。これは王の企てにおけるコヘレトの結論にほかならない。「**悩み**」（カアス）は、コヘレト書では1:18; 7:3, 9; 11:10でも用いられる。

24節　「食べること」「飲むこと」が賞賛される（他に、3:12–13; 5:17; 8:15; 9:7）。「**魂に良いものを見せる**」は、「魂を満足させる」と意訳することができる。しかも、コヘレトはこれを「**神の手から与えられるもの**」、すなわち神の賜物だと考える。これについては、ギリシアや古代オリエントに見られるカルペ・ディエム（生を楽しめ）との類似性がM. ヘンゲル（Hengel 1988〔邦訳206–207頁〕）など多くの学者によって指摘される。しかし、コヘレトはそれとの直接的対話を意図しているとは思われない。飲み食いは日常の些事であって通常、人はその価値に気づかないが、人生が「束の間」（ヘベル）であることを知るとき、飲み食いの価値は反転して、掛け替えのない神からの恵みとなる。良いもの／美しいものを見ることが魂を満足させるということも、生きられる時間がわずかしかない者にとっては真理となる。この逆説をコヘレトは考え抜いている。

25節　このような幸いはこのわたしという人間にこそ与えられた神からの恵みだ、というコヘレトの思いが表明される。「**このわたしのほかに**」はギリシア語七十人訳では「神なしに」と訳すが、そのような読み替えをしなくても十分理解可能である。

26節　「**神の前で良き人**」と「**罪ある人**」は対照的な表現だが、これを「善人と悪人」という短絡的な善悪二元論として理解するべきではない。コヘレトはここで応報主義的な教理を説いているのではない。「**集めて積み上げる務め**」は罪ある者のみならず、神の前で良き人にも与えられるのであって、神の自由が表明されている。

【解説／考察】

コヘレトはソロモンをほのめかす「イスラエルの王」として語る。これは王の独白（モノローグ）であって、主語は一人称である。ソロモン王は最高の知者であり、また富者であった。列王記上10:23によれば、「ソロモン王は世界中の王の中で最も大いなる富と知恵を有した」。コヘレトはこのソロモン王にわが身を重ねて、あらゆる企てをする。最高の知恵を手に入れ、また最高の富を手にした。このような王が、にもかかわらず、すべての企てによって何もかも「ヘベル」だという結論に達し、「風を追うことである」と嘆く。これによって、まさしく「満たされない王」という主題が浮かび上がる。王のこの「満たされない」現実は、導入の詩文における「満ちない」「完成しない」というモチーフと連続するものであって、一貫している。さらにまた後継者への疑念が示されるが、その際に「後に来るもの」に懐疑を示すことにおいて、将来への懐疑、絶望が徹底して語られている。これは、導入の詩文において宇宙の循環性が説かれ、すべては完成に向かわず、満ちることがないという終末批判が表明されたこととやはり連続している。コヘレトは将来への不信を示すことにおいて、束の間の現在こそが掛け替えのないものだと説いているのである。

王の企ては、したがって、導入の詩文から始まる反黙示的／反終末論的な主題を展開していると言ってよい。コヘレトは終末論的思考を徹底的に拒否している。この王の企てでもコヘレトは「束の間」（ヘベル）を繰り返す。すべてが「束の間」であれば、その束の間をどう生きるかが重要となる。それについて、コヘレトが飲み食いを賞賛し、良いものを見ることに満足を感じるのは逆説的な真理だと言わざるを得ない。コヘレトにおいて束の間（ヘベル）は決して空しくはないのである。人生は束の間だけれども、いや、束の間だからこそ、その束の間の人生において、すなわち残りの僅かな時間において、日常の些事が最大の幸福となるのである。そのような時間論的な逆説をコヘレトは展開している。これは、構造上対称性を示す 11:7–12:2a の主題と同様である。

明日は生きられないかもしれない人にとって、今日の飲み食いが何物にも代えがたい喜びとなる。その飲み食いが、コヘレトの示すとおり、神からの分け前、すなわち賜物ということである。どんなに学識があろうと、どんなに財産があろうと、どんな立派な家柄であろうと、自分の残りの時間が僅かだとわかれば、それまでの幸福感はがらりと変わるだろう。それは、日常生活において死が背中合わせであることを知った東日本大震災後の日本人の幸福感の変化と重なる。何を所有しているかが重要なのではない。今、生きていることこそが神の恵みなのである。コヘレトはそのように存在することの恵みを語っている。その意味において、コヘレトはいわゆるメメント・モリ（死を覚えよ）を意識していると言ってよい。この王の企てについて、ルカによる福音書 12:22–34 では、富を有する者の思い煩いが「ソロモンの栄華」と重ねられて述べられている。そこに記される「何を食べようか、何を飲もうかと考えてはならない。また思い悩むな」

（12:29）もまたコヘレトの意図を反映したものと言えるだろう。野の花、空の鳥を見よというイエスの思想において、存在することそれ自体が肯定されているのであって、それはコヘレトの延長線上にある。

決定と不可知――時の詩文（3:1–17）

【翻訳】

時の詩文
3 章
1 天の下ではすべてに時期があり、すべての出来事に時がある。
2 生まれる時[a]、死ぬ時。植える時、それを抜く時。
3 殺す時、癒す時。破壊する時、建てる時。
4 泣く時、笑う時。嘆く時、踊る時。
5 石を投げる時、石を集める時。抱擁の時、抱擁をやめ突き放す時。
6 求める時、失う時。保つ時、放つ時。
7 裂く時、縫う時。黙する時、語る時。
8 愛する時、憎む時。戦いの時、平和の時。
9 人が労苦するとき、何の益があろうか。
10 わたしは見た、神が人の子らに与えて、苦労させる務めを。
11 すべてを彼（神）は時に適ってなさり、永遠を彼らの心に与えてくださった。
けれども、神が初めから終わりまでなさった御業を人は見極めることはできない。
12 わたしは知った、生涯、喜んで良くなすほか彼らに良いことはない。
13 またすべての人は食べて飲み、そのすべての労苦によって良いものを見る。
それこそが神の賜物である。
14 わたしは知った、神がなさったすべては永遠に存続する。何もそれに付け
加えることはできず、何もそれから除くことができない。しかし、人が神を畏
れるように神はなさった。
15 今あることはすでにあった。今後起こることもすでにあった。神は過ぎ去っ

たもの[b]を求める。
16 さらにわたしは見た、太陽の下、秩序ある場所[c]には悪があり、正義の場所には悪人がいるのを。
17 わたしは自ら言う。義人と悪人を支配する[d]のは神である。そうだ、天の下では[e]すべての出来事に、またすべての御業に時がある。

a: この動詞はカル形で本来は「子をもうける」「生ませる」という意味である。

b:「過ぎ去ったもの」は「追われたもの」とも訳せる。

c:「秩序ある場所」は「裁きの場所」とも訳せる。

d:「支配する」は「裁く」とも訳せる。

e：ヘブライ語シャームは「そこで」という意味である。

【形態／構造／背景】

この「時の詩文」は 3:1–15 を段落と考えるのが普通である。その理由は、16 節には応報思想を思わせる正統主義的な用語「秩序／法」や「支配」が見られるからである。これは著者コヘレトの思想とは異なると判断されるわけである。また、「さらに」という副詞が典型的な編集用語と見なされる。このような判断によって、17 節後半の表現「天の下ではすべての出来事に、またすべての御業に時がある」は、1 節の同一の表現を編集者が付加したものだとしばしば想定される。それによって、16–17 節は編集的付加部分であって、1–15 節から除外されるのである。けれども、このような見方は決して確かなものとは言えない。17 節後半の表現は、むしろコヘレト自身が 1 節の同一の表現と対応させて記されているのであって、極めて意味ある表現だと考えられる。1 節と 17 節後半はいわゆるインクルージオ（囲い込み）をなしている。そこで、本注解ではこの段落を次のように分析する。

A. 1 節　「すべての出来事に時がある」（枠組）

　B. 2–8 節　時について＝神の支配という主題

　　C. 9 節　嘆きの表現

D. 10–12 節　神の御業の不可知性

E. 13 節　飲み食い賛美

D'. 14–15 節　神の御業の不可知性

C'. 16 節　嘆きの表現

B'. 17 節前半　神の支配という主題

A'. 17 節後半「すべての出来事に時がある」(枠組)

上記の通り、13 節の「飲み食い賛美」(E) が中心となって、「すべてに時がある」(A. A') で枠付けられた交差的集中構造 (A. B. C. D. E. D'. C'. B'. A'.) が読み取れる。この段落において注目されるのは、「神の決定」と「神についての不可知性」というアンビバレントな思想内容が繰り返されることである。前者は 1–8 節と 17 節に見られ、後者は 10–12 節と 14–15 節に見られる。時に関するこの矛盾した思想の提示は、コヘレト書の中で 9:11–12 と 11:1–6 にも見出され、この段落と対応関係をなしている (緒論参照)。つまり、神が時を定めておられるのに人はその時を認識できない、という思想が、コヘレト書を貫くモチーフとして用いられている。

これについて興味深いのは、歴史家ヨセフスの記述である (『ユダヤ古代誌 4』168–169 頁)。ヨセフスはヨナタンが大祭司に就任した時代 (紀元前 150 年頃) のユダヤの三宗派について紹介し、人間の営みにおいて運命がいっさいを決定すると考えるのはエッセネ派、運命の業があるにしても人間の自由な意志が決定すると考えるのがファリサイ派、さらに運命を認めず人間の自由な意志ですべてが決定すると見るのがサドカイ派だと指摘する。これによれば、神の決定と人間の不可知性を両立させるコヘレトにおいては、サドカイ派よりもファリサイ派との親和性が想定される。コヘレトの思想の背景において、このようなヨナタン時代の思想状況、すなわち、マカバイ兄弟による民族解放闘争が展開されている時代、が反映されている可能性がある (緒論参照)。この時の詩文で、2–8 節には 28 回の「時」(エート) が記されるが、いずれの「時」の背景にも戦争や戦乱が暗示される。

【注解】

1節 「**天の下で**」は1:13; 2:3; 3:1の3か所に見られる。旧約では18回の用例がある。コヘレト書には、これと類似した「太陽の下で」(1:3など）が頻出する。いずれも、コヘレトが此岸的な思考をしていることを示す表現である。「**時期**」(ゼマン）は後期ヘブライ語の単語で、アラム語で多用される語である。しばしば「適時」と訳される。LXXではκαιρός（カイロス)。「**時**」(エート）はヘブライ語では時間を表現する一般的な用語である。ゼマンとエートは同義的並行法として説明される。「**すべての出来事に時がある**」は17節と同一の表現で、この段落の囲い込みをなす。この地上において神がすべてのことにおいて時を定めておられる、という思想の提示である。

2節 2節から8節まで、各節が二つの対句で表現され、合計14対の対立的並行法による詩文になっている。1節の「すべての出来事に時がある」が、この2節から始まる詩文において具体的に表現され、展開される。「**生まれる時**」と「**死ぬ時**」は人生の始まりと終わりであって、人生全体を網羅している。「生まれる」はヘブライ語動詞カル形で表現される。これは、父親が子供をもうけるという意味であって、母親から生まれるという意味にはならない。けれども、誕生と死において、自らは関与できない神の支配が象徴的に表現される。この神の支配こそがこの2–8節の詩文全体を一貫する主題となっている。「**植える時**」「**それを抜く時**」は農作業を指す。「抜く」は収穫を意味する可能性はあるが、前後の文脈から判断すると、むしろ戦闘による農地の荒廃をほのめかしている。せっかくの収穫が敵によって奪われるということであろう。期待した収穫物を奪われるイスラエルの農耕者は人間の計画を超える神の支配に言葉を失った。「抜き、壊し、滅ぼし、建て、植える」はエレミヤの預言に見られる（エレ1:10; 18:7; 31:28)。エレミヤもユダ王国が神の御手の中にあって、興亡を経験することを同様な表現で語った。

3節 「**殺す時**」「**癒す時**」は命を奪うことと保つことを意味する。暴力行為というより、戦闘が示唆される。「**破壊する時**」「**建てる時**」は家の破壊と再建を指す。これも一般的な意味で家の建て替えを示すのではなく、戦争とその終結を示唆している。詩文の対句において前節までは肯定／否定であったが、ここで逆転し否定／肯定になる。

4節　「**泣く時**」「**笑う時**」、「**嘆く時**」「**踊る時**」は日常性をほのめかす。人生のドラマを端的に表現した表現とも言える。この泣き笑いも悲嘆と躍動もイスラエルが経験した歴史の文脈から理解されるだろう。

5節　「**石を投げる時**」「**石を集める時**」は意味不明な表現だとされてきた。石打ち刑を意味すると説明されることがあるが、それでは対立的並行法が成り立たない。また、タルグムは生殖行為と不妊行為が婉曲的に表現されていると説明するが、後のユダヤ教的解釈であって、確かな証拠とはならない。石投げは戦士による戦闘行為であることを考えると（サム上17:40; 25:29など）、石を集めることは戦争の終結と平和の到来を示唆する。「**抱擁**」は男女間や親子関係における親愛の情を意味し、「**突き放す**」は決別を意味する。いずれも性的な婉曲表現とも解せるが、文脈から判断すれば、戦争が繰り返されたイスラエルの社会的背景から説明されるべきではなかろうか。この「抱擁の時」から並行法は再び肯定／否定という順序に戻る。

6節　「**求める時**」「**失う時**」、「**保つ時**」「**放つ時**」は抽象的な表現。意味ははっきりとはしないが、コヘレト書において主題的な内容とも関係する。知恵を探求しても、得られないことがコヘレトの認識だからである。

7節　「**裂く時**」は、耐え難い悲しみや喪に服するしるしとして、衣を引き裂く習慣をほのめかす（ヨブ1:20; 2:12）。そうだとすれば、「**縫う時**」は服喪期間の終了を指すだろう。戦争によって多くの命が失われることを暗示しているかも知れない。「**黙する時**」と「**語る時**」は社会的なマナーと言えなくはなく、知恵的な教えをも示している。

8節　「**愛する時**」「**憎む時**」は極めて一般的な表現であり、どのような文脈でも理解が可能である。けれども、次の「**戦いの時**」「**平和の時**」という締め括りの対句と結びつければ、愛と憎しみは対人関係における情緒的表現というよりも、生命の保持と簒奪に関わる民族対立や政治的緊張関係をほのめかしている可能性がある。「平和」シャロームはただ単に戦いがないというだけでなく、健康、秩序、調和、回復、充足、和解、贖いをも意味する。ソロモンという名はこのシャロームに由来している。この

「平和の時」によって時の詩文は締め括られる。コヘレトは合計 28 の時について語った。ちなみに、28 についてはゲマトリアで「時」（エート）から読み取りが可能である。ヘブライ語エートは子音字アイン（数価 70）とタウ（数価 400）で表記され、数価は 70 + 400 = 470 となる。そこで、7 × 4 = 28 となる（M. ケールモース）。コヘレトは人生の悲喜こもごも、人間存在の全体を詩文として語っている。この詩文において一貫して言えることは、人生は生殺与奪の権威を有する神の支配にあるということであり、またこれらの「時」の背景には幾多の戦乱を経験し、未だその渦中にあるイスラエルの歴史が垣間見える。コヘレト自身、戦いから免れることのできない（8:8 参照）ままならぬ現実の只中で、与えられた時を強く意識している。

9 節　コヘレトは「**人が労苦するとき、何の益があろうか**」と嘆く。この表現は 1:3 の繰り返しである。これは否定的な答えを予測させる。けれども、この段落では 16 節の表現と並行関係にある。

10 節　「**務め**」（インヤン）は 1:13 でも用いられた。コヘレトが意識している世界認識である。「**苦労させる**」（アーナー）は 1:13; 5:19 にあり、「労苦する」（アーマル）と同義。

11 節　「**すべてを彼（神）は時に適ってなさり**」は神による時の支配を示す。「適って」（ヤーフェ）は神の御業を良しとする創造の肯定である。「**永遠を彼らの心に与えてくださった**」はコヘレト書では際立った表現である。新共同訳は「永遠を思う心を人に与えられる」と訳す。けれども、ヘブライ語は本注解の翻訳の如く「永遠を彼らの心に与えてくださった」である。そもそも「**永遠**」オーラームは、時空を超えた永遠世界を意味しない。西村訳はこれを「（時空）の持続」と訳す。「永遠」オーラームは動詞アーラム「隠す」に由来する。「永遠」は神によって隠された秘義と言えようか。それゆえに、「**神が……なさった御業を人は見極めることはできない**」と言うほかはないのである。ここでは、神による時の支配と人間の認識不能というアンビバレンスが表現される。「**初めから終わりまで**」は興味深い表現である。「終わり」（ソーフ）は存在の停止を意味する（7:2 参照）。コヘレトはここでケーツという終末論的用語を使用しない。これはコヘレトが「終わり」において歴史の終末を考えていないことを示す（4:8, 16 を参照）。

12節　「生涯、喜んで良くなすほか……良いことはない」は、生涯を楽しみ、幸いに暮らすことが最も良いことだという意味。

13節　「食べて飲み、……労苦によって良いものを見る」はコヘレト書において重要な表現である（2:24; 5:17）。コヘレトは飲み食いを称賛する。「良いものを見る」は「満足する」ということを意味する。コヘレトはそれを「神の賜物」と評価する。2:24と同様に、ここでもコヘレトは享楽主義を礼賛していると考えるべきではない。むしろ人生を肯定する表現である。

14節　「神がなさったすべては永遠に存続する」は、神のなさる御業は人には決して認識されず、それは隠された秘義だということ。「永遠に」（レ・オーラーム）は11節と同様の意味である。**「何もそれに付け加えることはできず、何もそれから除くことができない」**は、やはり11節の「神が……なさった御業を人は見極めることはできない」に対応する表現である。コヘレトはここにおいて、神の秘義は顕わにされないという反黙示的認識を表明している。**「神を畏れる」**は箴言にもみられるように伝統的な知恵の表現である。コヘレト書にはほかに、5:6; 7:18; 8:12（2回）, 13; 12:13でも用いられる。

15節　「今あることはすでにあった。今後起こることもすでにあった」は1:9と内容的に一致。将来に対する疑念が表現される。**「神は過ぎ去ったものを求める」**は難解な箇所。**「過ぎ去ったもの」**（ニルダーフ）は「追われたもの」「迫害されたもの」とも訳しうる。けれども、15節でコヘレトは時間的な座標軸において思考しているのは明らかである。「過ぎ去ったもの」とは過去を意味する。それを神が求めることにおいて、神が将来よりも過去に価値を見ていることを示している。

16節　ここで社会的な主題へと転換しているかに見えるが、本注解ではそのようには理解しない。1–17節の構造において、16節は9節と対応しており、嘆きの表現と説明しうる。社会的な主題という意味では、2–8節の詩文もまたそのような内容を含んでいるのである。**「秩序」**（ミシュパート）は法的用語で「裁き」や「公正」とも訳せる。**「正義」**（ツェデク）は「秩序／法」と並行して用いられる。**「秩序ある場所」**と**「正義の場所」**は漠然としていて場所を特定できないが、エルサレム神殿を指していると説明することができる。具体的には神殿祭儀を指すであろう。したがって「……**悪があり**、……**悪人がいる**」は、神殿祭儀が否定されている状況を意味する。コヘレトの時代背景において、神殿祭儀を否定するのはコヘレトの論敵である（緒論参照）。

17節　「**義人と悪人を支配するのは神である**」は16節と連続した表現である。「支配する」（シャーパト）は「裁く」とも訳される（新共同訳）が、終末論的審判を指す表現ではない。この神の支配という主題は、2–8節の時の詩文の主題と対応している。「**すべての出来事に、またすべての御業に時がある**」は1節の同一の表現と共にインクルージオをなす。「**天の下では**」は誤訳ではない。17節最後の副詞シャーム（そこで）は意味不明だとされてきたけれども、この段落全体の構造において、17節後半が1節と対応していると判断される限りにおいて、このシャームは「天の下では」と対応すると説明することができる。

【解説／考察】

この1–17節にはコヘレト書の中心用語へベル（束の間）が出てこない。そこで、コヘレトは曇りなく明るさを表明していると説明できるだろうか。けれども、コヘレトがへベルを強く意識した中で、この段落を記述していることは確かである。束の間をどう生きるかがコヘレトの関心事である。この段落において際立つのは2–8節の時の詩文である。これが「生まれる時」から始まり「平和の時」で終わることにはコヘレトの意図がある。コヘレトは人間の生が様々な否定を織り込むにもかかわらず、シャロームに至ることにおいて生の肯定を表現している。この詩文において主題となっているのは神の支配であり、これに構造上対応する17節後半もまた同様に神の支配を語る。コヘレトは、神がすべての時を支配しておられる、という強烈な認識を有している。この神による時の支配は、神がすべてを予め決定しているという決定論を表現しているかに見える。もし、そうであれば、コヘレトは神の決定の前に茫然とし、諦め嘆くだけの悲観的態度を表明しているということになるだろう。

けれども、注目すべきことに、コヘレトは他方において、神の「御業を人は見極めることはできない」と語り、神の御業に対する人間の認識不可能性を示す。このように時を捉えることができない限界認識において、コヘレトは反転して、人生を肯定する。飲み食いを賛美することはその表れである。このような限界認識から反転した人生肯定は、「今を生きよ」（カルペ・ディエム）という思想でもある。これは、軍事的民族闘争が続いている時代状況――日常的には生と死が紙一重である――からも説明できるだろう。

この段落において、コヘレトは一方で神が定めた時の存在を肯定するが、他方でその認識可能性を否定する。これは知恵文学の主題でもある。たとえば、ヨブ記 28 章にそれは見られる。そこでは神がすべてを決定しておられることが説かれる（23–28 節）。他方、人の知恵が限界を有し、「命あるものの地には見いだされない」（13 節）、「命あるものの目にそれは隠されている」（21 節）との告白がされる。このようにヨブ記でも神の超越性と世界支配が説かれると同時に、人の知恵の限界が示されるのである。つまり、神による時の支配は秘義なのであって、人間には隠されるということである。これは、「永遠」（オーラーム）が人間には隠されたものであるというコヘレトの認識とも繋がる。重要なことは、時は人間において秘義であり捉えきれないという現実において、人間の自由と責任が場所を有し、地上における人生が肯定される、ということである。それが知恵文学の論理であり、コヘレトの論理である。時は謎である。人間は時が過ぎ去って初めて、時の掛け替えなさに気づかされる。時はカイロスである。人はたえず時の後ろを追いかけて行く。カイロスを摑もうとしても摑むことはできない。けれども、いや、だからこそ、今この瞬間を喜ぶ生き方が大事だとコヘレトは勧めているのである。

コヘレトは彼岸的・来世的な救済思考を拒否し、徹頭徹尾、此岸的に現実的に考えている。詩文が「生まれる」という生から始まり、「平和」シャロームで終わっていることからもわかる。この此岸性は知恵的な思考ではあるが、その背景にはコヘレトの黙示批判がある。15 節で「神は過ぎ去ったものを求める」とコヘレトが過去にこだわるのは、来るべき終末の救済を渇望する黙示思想の歴史観に対峙しているからである。コヘレトによれば、神の業は終末において完成するのではなく、むしろ天地創造の初めからすでに完全に良きものとして存在している。それゆえに、今ある人生が徹頭徹尾、肯定されることをコヘレトは力を込めて訴える。

このことは、新約の共観福音書においてイエスが断食を退けることをわれわれに想起させる（ルカ 5:33–35）。断食は敬虔な行為ではあるが、イエスは神の国が今ここに到来しているという喜びにおいて、断食よりも「飲み食い」を奨励した。今ある人生において飲み食いを肯定する点で、これはコヘレトと似ている。ただし、コヘレトは終末から歴史を解釈しようとせず、過去から解釈しようとする。それは終末論とは逆の方向である。そのような終末に価値を見ない歴史認識は、終末論に確かな希望を見るわれわれをひどく落胆させるかもしれない。けれども、われわれが聖書を規範として生きるということは、本来そういう生き方ではないだろうか（シリア語訳では 15 節の「求める」を「創造する」と読み替える）。聖書は過去に書き記され、過去の文字で記述された歴史的文書である。われわれはこの聖書の中に絶えず真理を探し求めながら、過去に起こった出来事の中にわれわれの将来を見出して今を生きるのである。それは、ボート漕ぎが後ろを見ながら前に進むのと似ている。

死の宿命（3:18–22）

【翻訳】

死の宿命

3 章

18 わたしは心の中で人の子らについてこう言った。
神が彼らを吟味して、彼らが動物にすぎないことを見させようとしたのだと。
19 そうだ、人の子らの運命と動物の運命とは同じ運命であって、一方が死ぬ
のと同様に他方も死ぬ。両者にあるのは同じ息[a]である。人が動物よりまさる
ものはない。
そうだ、すべては束の間である。

20 すべては同じ場所に行く。すべては塵から成り、すべては塵に帰る。
21 誰が知るか。人の子らの息[b]が上に昇り、動物の息[c]が下に、地に降ると。
22 わたしは見た。人がその業によって楽しむ以外に良いことはないと。それが
彼の分け前であるから。
そうだ、その後に何が起こるかを誰が人に見せてくれるだろうか。

a: あるいは「霊」とも訳せる（新共同訳)。

b: 同上。

c: 同上。

【形態／構造／背景】

この段落 3:18–22 は死の宿命を主題とし、コヘレト書全体の構造上、9:1–6 に対応する。9:1–6 も死の宿命を主題とし、段落の初めにバーラル（吟味する）が用いられ、終わりにヘーレク（分け前）が用いられる。この 3:18–22 も同様である。注意しなければならないのは、この段落において最後の 3:22b の文が 6:12 を経由して、さらに 8:16–17 の文と呼応しているということである。

3:22b：「そうだ、その後に何が起こるかを誰が人に見せてくれるだろうか。」（＝問い）
6:12b：「太陽の下、その後に何が起こるかを誰が人に告げることができようか。」
8:17：「そうだ、太陽の下で行われる業を人は見極められない。」（＝答え）

「その後に何が起こるか」という終末論的な問いが繰り返され、最終的に「見極められない」という答えで締め括られる。この問いは死後どうなるかを問うたものである。コヘレトはそれに否定的な答えを提出し、不可知論で締め括っている。この問いと答えは、内容的には反黙示的ステートメントである。コヘレトはこのような問いと答えを繋げながら、自らの思

想を展開している。コヘレト書においては「問い」と「答え」で表現するカテキズム的な知恵的技法がしばしば見られる（たとえば、1:3と2:11）。コヘレト書全体の構造においても、3:22bが8:16–17と共に枠組みになって、4:1–8:15という中心部分を囲んでいる（緒論を参照）。いわば前半部分と後半部分を繋ぐ蝶番のような機能を果たしている。

3:18–22においてギリシア的な霊肉二元論の影響が指摘されることがあるが、旧約には霊肉二元論はなく、コヘレトもそのような思想を有してはいない。コヘレトはあくまで旧約の伝統的思考で論じている。

【注解】

18節　「**吟味する**」バーラルは奇妙な語。「分ける」「試みる」とも訳せる。シリア語訳ペシッタはヘブライ語の語根バーラーで読んだようで、「創造する」と訳する。しかし、この語は構造上対応関係にある9:1–6の段落で使用される「吟味した」ブールと対応している。ここでは人間と動物が同一であることが指摘される。

19節　「**運命**」ミクレーはすでに2:15に見られ、また9:2–3でも繰り返される。人間も動物も同じ運命を有するのであって、それは死である。「**息**」ルーアハは「霊」とも訳せるが、コヘレトには霊肉二元論はない。人は神に「息」を吹き込まれることによって生きるものとなった（創2:7）。「息」は、神から与えられた命を指している。けれども、そのような「息」を有する人間も動物と同じように死ぬのである。「束の間である」は、ここではまさしく瞬く間にという意味である（ワイブレイ）。

20節　「**すべては塵から成り、すべては塵に帰る**」は創世記3:19を思わせる。コヘレトは旧約の伝統的な思考を継承している。「塵」は死と結びつく。すべてはそこに「帰る」のである。これはコヘレト書最後の12:7でも繰り返される。

21節　19節で言われたことの確認である。「**上に昇る**」と「**下に、地に降る**」は対照的表現。「上に昇る」は天に昇るという意味合いとも読み取れるが、ここでは「上に昇る」ことが「誰が知るか」という修辞疑問によって否定されることが重要である。「下に、地に降る」は、直訳すれば

「下の方に、地に降る」ということ。ここでは陰府が示唆される（9:10）。コヘレトにおいて、人間は徹頭徹尾「天の下で」生きるのであって、死によって塵に帰るのである。「**息**」は19節ですでに言及された。死において人の「息」が彼岸的世界に引き上げられるということが否定されている。

22節　人は自らの業によって地上の人生を楽しむことが奨励される。人生を楽しむことは「**分け前**」、すなわち神から与えられた賜物だということである。「**その後に何が起こるか**」は、死の向こうに存在するものを指す終末論的な表現である。けれども、この表現は「**誰が人に見せてくれるだろうか**」という修辞疑問できっぱりと否定される。ここには、死後の復活を否定するコヘレトの考え方が滲み出ている。

【解説／考察】

コヘレトは死の向こうにあるものを考えることをしない。人は死んで塵に帰るのであって、その意味で動物と同じ運命を辿る。このような此岸的な考え方はペシミズムだと評価されるだろうか。けれども、これは創世記でよく知られる伝統的な旧約的思想にほかならない（創3:19）。問題は、なぜコヘレトがこのような此岸的な思想を強烈に提示するかである。この背景には、それと対照的な思想が存在し、それとの対論をコヘレトがもくろみ、展開していると説明される。その対照的思想はダニエル書に見られる死者の復活の思想である（ダニ12章）。死んで塵に帰る人間がその後に復活するというこの黙示的な思想をコヘレトは旧約の伝統的な考え方で拒否する。ヨブ記も含め、旧約の知恵の思想には、死を超える彼岸的思想はないからである。死を宿命と見なし、その後にあるものを否定する思想は、構造上この段落と対応する9:1–6にも見られる。「一つの運命」すなわち死がすべての人に臨むのである（9:3）。

コヘレトは復活を否定する。それは復活思想において、地上の人生を楽しみ、それを神からの賜物として受け取る人生肯定的生き方が否定されるからではないだろうか。地上の人生に価値を見ず、死後の復活に価値を置く黙示思想にコヘレトは徹底的に批判を加えている（緒論参照）。これは復活信仰を奉じるキリスト教信仰から見れば評価されないだろう。けれども、生きることに徹底してこだわり、人生を神から与えられたものとして、とことんそれを楽しむ態度は、拒否されるべき生き方では断じてありえない。ボンヘッファーは「究極のもの」ではなく、「究極以前のもの」に目を向けたが、それは徹底的に此岸の世界に対して責任を果たす生き方であった（ベートゲ編『ボンヘッファー獄中書簡集』村上伸訳、1988年、323–324頁）。これは、生にこだわるコヘレトの生き方と相即する。死を見据えるとき、人は人生を振り返り、人生が神からの賜物であることに感謝するだろう。家族にも、友人にも、そしてペットにも。死を前にして掛け替えのない人生の思い出が駆け巡る。死という終わりがあるからこそ、その最後の一呼吸まで人生は価値あるものとなる。コヘレトはそのように生を無条件に肯定している。重要なことは、旧約正典にはこのコヘレトのように復活を考えない生き方とダニエル書のように復活を信じる生き方とが共に存在するということである（使23:8参照）。コヘレトはその一方の生き方を示している。

太陽の下での虐げ（4:1–5:19）

【翻訳】

太陽の下での虐げ

4章

1 また、わたしは振り返った。太陽の下で行われるあらゆる虐げを。
見よ、虐げられる者たちの涙を。彼らには慰める者がいない。
彼らを虐げる者たちの手には力がある。彼らには慰める者がいない。
2 わたしはすでに死んだ人たちを称賛しよう。今なお生きている人たちよりも。
3 いや、その両者より良いことは、まだいない人たちだ。彼らは太陽の下で行
われる悪しき業を見ることはないからだ。
4 また、わたしはあらゆる労苦とあらゆる才覚ある業を見た。そうだ、それは
仲間に対する妬みである。これもまた束の間であり、風を追うことである。

5 愚者は自分の手を抱擁し、自分の肉を食べる。
6 片手を安らぎで満たす方がよい。両手を労苦で満たして風を追うことよりも。
7 また、わたしは振り返った。太陽の下で束の間を。
8 一人の男がいた。孤独で、息子も兄弟もない。
彼のあらゆる労苦は終わりがない[a]。彼の目も富に満足しない。
「誰のためにわたしは労苦して、わたし自身の幸いを犠牲にしなければならないのか」。
これもまた束の間であり、つらい務めだ。
9 一人より二人が良い。共に労苦すれば、彼らに良い報いがある。
10 そうだ、彼らがたとえ倒れても、一人がその仲間を起こす。
倒れても起こしてくれる友がいない人は不幸だ。
11 さらに、もし二人で寝れば暖まれる。
一人ならばどうして暖まれるだろうか。
12 たとえ一人が襲われても、二人でこれに立ち向かう。
三つ撚りの糸はたやすくは切れない。
13 貧しく知恵のある若者の方が、もはや忠告を聞き入れない老齢の愚かな王よりも良い。
14 そうだ、彼はその王国に貧しく生まれたが、獄から出て王となった。
15 わたしは太陽の下で歩む命ある者すべてが、彼の後に立つ別の若者を支持するのを見た。
16 あらゆる民に終わりはない[b]。
彼らの前にいるすべての者を、後の人々も喜ばない。
これもまた束の間であり、風を追い求めることである。
17 神殿に行くように[c]、あなたの足を守れ。
愚者たちは供犠を捧げるよりも、聞き従うために近づく。
そうだ、彼らは悪を行っていることを知らない。

5 章

1 神の前で言葉を出そうと、口を急がせず、また、心をせかせるな。
そうだ、神は天にいまし、あなたは地上にいる。
それゆえに、あなたの言葉を少なくせよ。

2 そうだ、務めが多ければ夢を見る。言葉が多ければ愚者の声。
3 神に誓願する場合には、それを果たすのを遅らせるな。
そうだ、愚者は喜ばれない。誓願したことを果たせ。
4 あなたが誓願して果たさないよりは、誓願しない方が良い。
5 あなたは口を開いてあなたの肉に罪を犯させないようにせよ。
使者の前で「あれは誤りだった」と言ってはならない。
どうして神があなたの声に怒って、あなたの手の業を滅ぼしてよかろうか。
6 そうだ、夢が多ければ束の間であり、言葉が多くなる。
そうだ、あなたは神を畏れよ。
7 この州で貧しい者が虐げられ、公正と正義が蹂躙されるのをあなたが見ても、
このことに驚くな。
なぜならば、より身分の高い高官が高官を守り、彼らの上にはさらに身分の
高い高官がいるのだから。
8 何よりも国の益となるのは、王自ら農地に仕えることである。
9 銀を愛する者は銀に満足することがない。
また、財産を愛する者は誰でも収益に満足することがない。これも束の間である。
10 富が多くなると、それを食べる者たちも多くなる。
その所有者は、目で眺める以外にどんな得[d]があるか。
11 少なく食べようが、たらふく食べようが、働く者の眠りは快い。
富者は食べ飽きても安らかに眠れない。
12 ひどい不幸がある。太陽の下でわたしは（それを）見た。
富を確保したのに、所有者は不幸となるのだ。
13 その富は、つらい務めによって失われる。息子が生まれても、彼の手には
何も残らない。
14 母の胎から出たときのように、来たときと同様、人は裸で戻っていく。
彼が労苦しても、その手に携えていくものは何もない。
15 これもまたひどい不幸である。
人は来たときとまったく同じように去っていく。人には何の益があるか。それ
は風を追って労苦することだ。
16 人は一生の間、闇の中で食べる。憂いははなはだしい。その病と怒りも。
17 見よ、わたしが幸いと見るのは、神が彼に与えたその短い人生で、心地よ

く食べて飲み、また太陽の下で労苦するすべての労苦において幸いを見ることである。それこそが人の分け前である。
[18] 神が富と宝を与えるすべての人には、それから食べ、その分け前を手にし、その労苦を楽しむように神が力を与えたのだ。これは神の賜物である。
[19] そうだ、彼は人生の日々をあまり思い返すことはない。その心の喜びに苦労をもたらしたのは神だから。

a:「終わりがない」は新共同訳では「際限もなく」。

b:「終わりはない」は新共同訳では「限りなく続く」。

c:「行くときに」とも訳せる。

d: 別訳「才覚」。4:4 と同じキシュローン。

【形態/構造/背景】

4 章から 8 章まではコヘレト書の中心部分で、様々な社会批判が展開される。この部分は前半が 4–5 章、後半が 6–8 章に分かれる。前者は〈太陽の下での虐げ〉が主題であり、後者は〈太陽の下での不幸〉が主題である。この部分は 3:22b の「問い」と 8:16–17 の「答え」によって囲まれている。この「問い」と「答え」は、すでに指摘した通り、コヘレト書全体において黙示批判として機能している。これを構造化すると次の通りである。

3:22b	**「問い」**
4:1–3	太陽の下での虐げ(枠組み A)
4:4–12	社会的領域での望ましい態度 1.:仲間
4:13–16	政治的領域での望ましい態度 2.:支配者
4:17–5:6	祭儀的領域での望ましい態度 3.:神
5:7–16	太陽の下/地上での虐げ(枠組み A’)
5:17–19	結論(日々を生きよ)

6:1–9　太陽の下での不幸(枠組み B)

6:10–12　（**「問い」と「答え」の確認**）
7:1–22　黙示批判 1.：歴史認識
7:23–29　黙示批判 2.：謎解き
8:1–8　黙示批判 3.：解釈
8:9–14　太陽の下での災い（枠組み B'）
8:15　結論（日々を生きよ）
8:16–17　**「答え」**

さて、ここで扱う 4–5 章は〈太陽の下での虐げ〉を主題としている。4:1 の「わたしは……太陽の下で行われるあらゆる虐げを見た」が導入句となり、その主張がこのあと 5:7–16 でも繰り返されて、全体の枠組みとなっている。また、最後の 5:17–19 では「飲み食い」が賛美され、この段落の結論となっている。このような構造は次の 6–8 章も同様である。4–5 章の内容は社会批判であり、社会・政治・祭儀の領域で望ましい態度を提示する。4:4–12 は友人、4:13–16 は支配者、4:17–5:6 は神に対する態度が表明される。なお、フレデリックスは 5:7–6:9 が集中構造をなすことを指摘しているが、この構造的見解は多くの注解者によって支持されている。本注解の分析においても、5:7–16 と 6:1–9 は 5:17–19 を中心にした集中構造であるとして説明することも可能である。けれども、ここでは 4–5 章と 6–8 章をそれぞれ独立した段落として扱う。

この 4–5 章からは、コヘレトが直面している社会と政治と宗教に混乱が生じていることが読み取れる。この背景については何らかの説明が可能である。シアウは紀元前 5 世紀のペルシア支配下で貨幣経済が浸透し、ユダヤ地方でも経済活動が盛んであったことを想定する。シアウによれば、コヘレトは市場経済の浮沈によってついに破綻し、人生の負け組になった嘆きを表明した（シアウ 2002:11–12)。そのような社会史的背景を前提としてこの段落を説明することは可能ではあるけれども、史料的に確認することはできない。さらにクリュゼマンはヘレニズム時代において、貨幣経済の浸透、農民の自給経済の衰退、土地取得の意義の減少、重い税負担のゆえに、分節的社会構造と連帯倫理が犠牲になったと説明している（Crüsemann 1979〔邦訳 132 頁〕)。

歴史的背景について断定するのは慎重でなければならないが、緒論で述べた通り、本注解はコヘレト書の成立を紀元前150年代と推定する。この時代は親ギリシア（セレウコス）派と民族派の対立によってユダヤ社会が混乱していた時期である。ユダヤではセレウコス軍に勇敢に立ち向かうマカバイの兄弟ユダ、ヨナタンは民族の英雄として民衆の支持を得ていた。この時代背景について、マカバイ記一 9:23–27 に次のような記述がある。

「ユダの死［BC161年］後、イスラエル全土に、律法に従わない者たちが立ち現われ、不正を働く者どもが横行するようになった。またこのころ、ひどい飢饉が起こり、国々をあげてこの者たちの側に寝返った。バキデス［セレウコスの将軍］は不敬虔な者どもを選び出し、この国の支配者に仕立てた。彼らはユダの友人たちを徹底的に捜し出し、バキデスのところへ連れて来た。バキデスは彼らに復讐し、嘲笑した。大きな苦しみがイスラエルに起こった。それは預言者が彼らに現れなくなって以来、起こったことのないような苦しみであった。」

ここから、紀元前150年代の社会的／政治的に混乱していたユダヤの状況を読み取ることができる。それは、セレウコス支持者たちによる不正と不義によって民衆にひどい苦しみがもたらされたということである。この時期のユダヤでは、さらに宗教的にも混乱が生じた。ユダからヨナタンにマカバイ闘争の指導権が移譲されると、紀元前152年にヨナタンは大祭司に就任した。しかし、それを支持しない初期クムラン宗団は神殿祭儀を拒否し、祭儀共同体から離脱したのである。「ヨナタン（とシモン）は非ツァドク系でありながら大祭司の職能を簒奪することによって、クムランの指導者たちの信用を危うくした」（ヴェルメシュ 2011:253。クロスも同様に見ている）。ユダヤ教団において、それまでの権力構造が変化し、政治的にも宗教的にも正当性というものが歪んだことがうかがわれる。コヘレト書4–5章においては、そのような時代状況が想定される。

【注解】

（4:1–3　太陽の下での虐げ）

1節　**「わたしは振り返った。太陽の下で行われるあらゆる虐げを」**は、この段落におけるコヘレトの社会批判の導入である。この節には「虐げ」が三度出てくる。最初の「虐げ」は抑圧や搾取を指す。「虐げられる者」は受動分詞、「虐げる者」は能動分詞である。この歴史的背景において、律法に従う者たちは、それに従わない者たちに抑圧されていたと読み取れる。虐げる者たちは実権を握っていた。「**慰める者がいない**」は「虐げられる者」の苦境を物語る。コヘレトは冷静に観察しているが、その目線は「虐げられる者」に向けられているようだ。

2節　**「すでに死んだ人たちを称賛しよう」**は死者を称賛した表現。「**今なお生きている人たちよりも**」は極めて悲観的である。これはヨブ記3章やエレミヤ書20章を想起させる表現である。けれども、これをもってコヘレトが自殺願望を表現していると読むことはできない。「すでに死んだ人たち」において考えられているのは、おそらくダニエル書11:35における「倒されて」死んだ敬虔な者たちである。この人々は抑圧者によって虐げられて、倒された。ダニエル書ではこの人々は塵の中から復活すると予告される（12:2）。それに対して、コヘレトは彼らを称えるが、死んだということ以上に称賛することはしない。

3節　**「その両者より良いことは、まだいない人たちだ」**は、これから誕生する人々をも否定するコヘレトの絶望的な表現であるかに見える。けれども、コヘレトの意図は、本書において一貫しているように、将来に価値を置く終末論的思考を否定することである。とすれば、「いない人たち」をコヘレトが称賛するのは、むしろ復活を揶揄する否定表現ではないだろうか（6:3–5の注解参照）。

（4:4–12　社会的領域での望ましい態度）

4節　ここから社会的領域での望ましい生き方をコヘレトは語る。「**才覚ある業**」は直訳すると「あらゆる業の巧みさ」。「**妬み**」（キンアト）は9:6にも出てくる。仲間を蹴落とそうとする競争社会を示唆しているのだろうか。これには「**束の間であり、風を追うことである**」が続く。

5節　愚者の愚かさと怠惰を皮肉る表現。「**自分の肉を食べる**」は自分を破壊することを意味する。

6節　両手一杯で労苦するよりも片手で安らぐことが勧められる。両手一杯で労苦することにおいて、貪欲に生きることが比喩される。「**片手を安らぎで満たす**」は富を追求せず、つつましい生活で満足することであろう。

7節　次の８節以下の具体例を導入する言葉である。「**わたしは振り返った。太陽の下で**」は4:1とまったく同じ表現が用いられている。「**束の間を**」とは奇異だが、ここでのヘベルは「虐げ」（4:1）と呼応した表現である。

8節　「**一人**」は９節の「二人」、12節の「三つ」と繋がる知恵的なレトリック（箴30章）。「**孤独**」は一人ということである。「**息子も兄弟もない**」ということにおいて、孤独が強調される。守銭奴となった男を揶揄している。「**終わりがない**」（エーン・ケーツ）は「果てしない」という意味で、「**富に満足しない**」と同義的な表現である。この「終わりがない」という表現は、終末はないというパロディーであって、コヘレト書では黙示批判として機能している（4:16; 12:12）。「**誰のためにわたしは労苦して、わたし自身の幸いを犠牲にしなければならないのか**」は引用だが、孤独な男の発言なのか、コヘレト自身の発言なのかははっきりしない。けれども、文脈からは孤独な男に対するコヘレトの皮肉を意味する。これは同時代人に対するコヘレトの批判であるが、「孤独で」「富に満足しない」男とは、結婚も富も否定するエッセネ派を指しているようにも受け取れる。

9節　「**一人より二人が良い**」は共同性を称える表現。「**共に労苦すれば、彼らに良い報いがある**」において、結婚生活への招待というメッセージが読み取られてきた。しかし、文脈からそれを明確に読み取るのは難しいと言わざるを得ない。

10節　「**彼らがたとえ倒れても、一人がその仲間を起こす**」は９節との関連で読み取れるが、コヘレト書の時代背景からすれば、むしろセレウコス支配を覆すために闘争する者たちへの励ましである。

11節　「**二人で寝れば暖まる**」は夫婦関係について述べていると特定されがちだが、前後の文脈から考えれば、おそらく兵士たちが寒さをしのぐために戦場で身を寄せ合うことを意味している。

12節　前半は10節と同一の意味。「**たとえ一人が襲われても**」は、直訳すれば「たとえ人が一人を襲っても」。「襲われる」は軍事的表現である。後半の「**三つ撚りの糸はたやすくは切れない**」は8節以下の知恵的数え言葉の結びである。これは単なる知恵の諺ではない。「三つ撚りの糸」がほのめかすのは、二人（ユダとヨナタン）で闘争を継続して三人目（シモン）がそれに加わるマカバイ兄弟ではないだろうか（緒論参照）。

（4:13–16　政治的領域での望ましい態度）

13節　13–16節は知恵的範例として説明され、ヨセフ物語などとの類似性から解釈されることがあった。けれども、それでは辻褄が合わない。これもまたコヘレトの時代状況から推測しうる。「**貧しく知恵のある若者**」はユダあるいはヨナタンを指しているのではなかろうか。ユダもヨナタンも若者であって、ユダヤ民衆から熱狂的な支持を得ていた。この「貧しく知恵のある若者」は9:15と同じ表現であり、そこでの「若者」はヨナタンと同定される。「**もはや忠告を聞き入れない老齢の愚かな王**」は歴史的に考えれば、セレウコス王を指している可能性は十分にある。セレウコスの王よりは若者である軍事的指導者を支持する民衆の声が表現されている（10:16–17参照）。

14節　「**彼はその王国に貧しく生まれたが、獄から出て王となった**」の主語「彼」が誰を指すかははっきりしない。それが前節の「若者」であれば、ヨセフ物語のヨセフのイメージとなる。あるいはまたダビデであろうか。けれども、そのような旧約上の人物伝承がなぜここで用いられるかについてはまったく説明がつかない。やはり「彼」は「もはや忠告を聞き入れない老齢の愚かな王」を指していると見るべきである。「**獄から出て王となった**」が、囚われの身から王となった、という意味であれば、セレウコスの王であるアンティオコスⅣ世エピファネスを指す可能性がある。彼はローマに幽閉された後に王位に就いたからである（シューラー『ユダヤ民族史Ⅰ』）。

15節　「**彼の後に立つ別の若者**」とは謎めいている。「別の若者」は、直訳すれば「第二の若者」である。第一の若者と第二の若者が登場するのである。したがって、これはヨセフやダビデのイメージとは無縁である。

すでに指摘したように、13節の若者がマカバイのユダならば、「別の若者」は弟のヨナタンを指す。あるいは13節の若者がヨナタンならば、「別の若者」はシモンを指す可能性がある。

16節　「**終わりはない**」はエーン・ケーツであり、「際限がない」という意味になる。これは8節と同様に黙示批判の特徴的表現として用いられている（12:12も同様）。ユダヤの民衆が第一の若者ではなく第二の若者の方に関心を転じる態度をコヘレトは冷ややかに見つめているのだろうか。「**後の人々**」（ハ・アハローニーム）は字義通りには「終わりの人々」であって、1:11の表現と一致する。とするならば、「**彼らの前にいるすべての者を、後の人々も喜ばない**」は、黙示的集団がヨナタンとその兄弟を支持していないことを指していると説明できるだろう。

（4:17–5:6　祭儀的領域での望ましい態度）

17節　本節から5:6まで、コヘレトは神殿礼拝について語る。この部分は呼びかけの文体で記されている。「**あなたの足を守れ**」は神殿に行くことを肯定している。「守れ」を新共同訳は「慎め」と否定的に訳すが（西村俊昭も同様）、12:13の「守れ」にはそのような意味はない。ここにおいてコヘレトが神殿祭儀に関心を持ち、それを遵守しようとしていることは明らかである。本節では「愚者たち」が批判される。「**愚者たちは供犠を捧げるよりも、聞き従うために近づく**」は意味がはっきりしない。これについては、サムエル記上15:22「聞き従うことはいけにえにまさり、耳を傾けることは雄羊の脂肪にまさる」との関連が指摘される。そこでは律法遵守が犠牲祭儀より優先されると告白されている。けれども、そのような告白は、本節ではコヘレト自身の見解ではなく、むしろ愚者たちの態度だと判断できる。「**供犠を捧げるよりも**」を「供犠を捧げることを離れて」と解釈すれば、神殿祭儀を否定する態度となる。コヘレトはここで神殿祭儀を支持し、これを否定する愚者たちを批判していると考えられる。「**彼らは悪を行っていることを知らない**」は、神殿祭儀を否定する黙示的集団を指しているだろう（8:10の注解参照）。コヘレトはこの集団による祭儀拒否を非難している。

5章1節　前節との関連において、個人の敬虔な祈りではなく、神殿祭儀での振舞いについて書かれている。「**神は天にいまし、あなたは地上にいる**」は天と地の隔たりを表明している。これはコヘレトの神認識が後退している証拠と説明されることがある（クレンショウ）。けれども、それはあたらない。コヘレトは此岸的に思考しているのであって、「神は天にいまし」はコヘレトが特愛する「天の下で」という表現とほとんど同じである。ここでは人間の地上性／此岸性が強調されているのである。「**それゆえに、あなたの言葉を少なくせよ**」は祈りや誓願についての命令（マタ 6:7 を参照）。

2節　「**務めが多ければ夢を見る**」において、夢を見ることが揶揄される（これについては、エレ 23:25 以下を参照）。神殿祭儀と夢の繋がりは唐突だが、「**言葉が多ければ愚者の声**」において、4:17 の愚者批判と繋がっていることがわかる。「夢」（ハローム）はダニエル書では啓示の手段として重要であり、それを解き明かすことが関心事である（ダニ 2 章）。コヘレトはこのことを念頭に置いて発言していると考えられる。

3節　誓願を果たすことが強く要求される。これは申命記 23:22 の言葉「あなたの神、主に誓願を立てる場合は、遅らせることなく、それを果たしなさい」を引用している。誓願を果たさない愚者への批判は判然としないが、文脈から考えるなら、黙示的集団への批判と説明することができる。

4節　誓願を果たさないくらいなら、誓願を立てるな、という教え。前節と内容的に繋がっている。

5節　祭儀において軽々しく誓願を立てることが否定されている。「**罪を犯させる**」については、申命記 23:22 でも、誓願を果たさないことが罪とされる。「**使者**」は誰を指すかが釈義上問題となるが、祭司を指すと理解すべきである（ワイブレイ）。「**神が……あなたの手の業を滅ぼす**」は神の裁きをほのめかす表現である。

6節　祭儀をめぐる勧めの締め括りの言葉。「**束の間**」ヘベルは複数形ハバーリームで用いられる。ここでも「**夢**」と「**言葉**」の多さがまた批判される。これは内容的に 2 節の繰り返しである。4:17 以降、愚者は夢を見、言葉が多く、誓願を果たさないことが批判されるが、愚者の口数が多いということは 10:14 にも見られ、そこでは未来への不信が語られる。コヘレトが未来への不信を語るのは、これまでも述べた通り、黙示批判として理解される（7:13, 14）。したがって、本節で批判されている対象も同様と思われる。「**神を畏れよ**」はコヘレト書において何度も繰り返される表現である（3:14; 7:18; 8:12–13; 12:13）。これを編集者の付加と決めつける必要はない。コヘレトは律法を遵守する立場である。

（5:7–16　太陽の下／地上での虐げ）

7節　5:7–16は4:1–3と対応し、4–5章の枠組みを形成している。4:1–3は「太陽の下での虐げ」という主題だが、この5:7–16も「太陽の下／地上での虐げ」が主題である。本節はその冒頭であり、「**貧しい者**」の「**虐げ**」（ゲゼル）から始まる。「**州**」（メディナー）は2:8でも用いられ、ペルシア帝国の行政区域を示す。「**公正と正義が蹂躙される**」は4:1と内容的に対応している。「**より身分の高い高官が高官を守り**」は権力の座に就いている者たちのヒエラルキーをほのめかしている。コヘレト書の時代背景において、この「身分の高い高官」とはセレウコスの支配勢力を指すだろう。ユダヤ教団がその支配勢力によって、公正も正義も蹂躙されている状況をコヘレトは証言している（Ｉマカ9:23–27）。

8節　「**王自ら農地に仕える**」は、セレウコス王に対する批判と読み取れる。「農地」サーデはコヘレト書ではここだけに出てくる。

9節　「**銀を愛する者は銀に満足することがない**」と「**財産を愛する者は誰でも収益に満足することがない**」は同義的並行法。守銭奴に対する痛烈な皮肉である。4:8と繋がる。これは格言というより、セレウコス支配下で私腹を肥やす高官たちへの批判であろう。この9節以下、16節までコヘレトは一貫して財産について語る。経済上の不平等は連帯性の倫理を疑わしいものにする（クリュゼマン）。

10節　「**富が多くなると、それを食べる者たちも多くなる**」は、富が増えればそれをあてにして群がる者たちが現れるということ（箴19:14）。そのために出費が増え、富の所有者はその恩恵に与れないという皮肉を語っている。

11節　コヘレトは働く労働者へ暖かい眼差しを注ぎ、他方、「**富者は食べ飽きても安らかに眠れない**」と富者に対して皮肉を語る。

12節　「**ひどい不幸がある。太陽の下でわたしは見た**」は6:1と酷似した表現。

13 節　財産を喪失した人間の嘆きが記される。これについて、シアウの考察は参考になる。「コヘレトが見た自由主義市場は、予測できない好況や倒産が生じる世界であった。裕福になるチャンスがある一方で、経済的な没落の危険が存在した。例えば、ある人は富を失うことを恐れて、それを蓄積したが、『悪しき企て［誤った投資］』のために突然すべてを失う結果となった」（シアウ 2002:11）。コヘレトの時代が市場経済かどうかは別にしても、倒産して財を失った者の悲嘆にコヘレトは寄り添って語っていると言えるだろう。

14 節　「**母の胎から出たときのように、来たときと同様、人は裸で戻っていく**」はヨブ記 1:21「わたしは裸で母の胎を出た。裸でそこに帰ろう」を彷彿とさせる。人間の死にゆく運命を語る。

15 節　「**これもまたひどい不幸である**」は 5:12 と同様。

16 節　「**人は一生の間、闇の中で食べる**」は意味が曖昧だが、人生が苦労の連続であることを暗示する。「闇」というイメージは 6:4 でも出てくる。

（5:17–19　結論）

17 節　4–5 章の結論部分で、8:15 とも対応する 17–19 節には、「**神**」エロヒームが 4 回出てくる。コヘレト書では伝統的な神名「主」は用いられないけれども、それによってコヘレトの神観を否定的に見る必要はない。ここでの 4 回のエロヒームの繰り返しはコヘレトが神を強く認識していることを示す。「**短い人生**」は直訳すれば、「生きる者の日々の僅かさ」ということ。コヘレトは飲み食いを賛美するが、それは人生が短いゆえであって、ここにコヘレトの人生観が現れている。「**幸いを見る**」は「幸せを経験する」とも訳せる。これは 2:1 と似た表現。「**分け前**」は神の賜物ということ。コヘレトにとって飲食も、労苦による幸いも神の賜物なのである。2:10, 21; 3:22; 9:6, 9; 11:2 参照。

18 節　内容的には 17 節の繰り返し。労苦を楽しむことが「**分け前**」であり、「**神の賜物**」だとされる。

19 節　「**心の喜びに苦労をもたらしたのは神**」は直訳だが、前節と同様、苦労することにも心の喜びが伴うのであって、それは神の賜物であることが示される。コヘレトは人生を喜ぶことを肯定的に考える。ローフィンクは本節をコヘレト書全体で最も重要な箇所の一つと見る。

【解説／考察】

コヘレトはこの4–5章において独特な社会批判を展開している。それは「太陽の下での虐げ」という主題で括られる。4:1–3はその導入であって、抑圧される者たちの苦境を語る。この人々には慰める者がおらず、その結果、コヘレトは死者を称賛するだけでなく、未だ生まれていない人々をも称賛する。これはコヘレトが現実の不条理に絶望し、自殺願望を表明しているかのように読み取られる。弱者の側に立ってコヘレトは語り、苦しむ者に寄り添う態度を示しているのは確かである。けれども、ここでは、コヘレトは虐げられて死んだ者たちが塵の中から復活するというダニエル書12章の終末論的思考を否定しているようだ。コヘレトはあくまで現実の状況において、どのような社会的／倫理的態度を取るべきかを具体的に考えている。

4:4–12では、コヘレトは時代状況を背景にして社会的に望ましい態度を具体的に提示する。4–6節は仲間と争って遮二無二働く愚かさ、7–8節は富を集めようとひたすら労苦する愚かさが語られる。ここには現代社会を皮肉っているようなリアリティーがある。富を得るためには家族も友人も犠牲にするという守銭奴は、コヘレトの時代にはセレウコス政権に与して貧しい民衆を搾取する者たちを指しているのであろう。経済的な不平等と格差は社会の連帯性を根底から崩す。9–12節はその社会的連帯性の必要を説いている。コヘレトは孤独なペシミストなどではなく、共生ということをきちんと語っている。これはコヘレトが共同体の形成を強く意識していることを物語る。「三つ撚りの糸はたやすくは切れない」は単なる知恵的な諺ではなく、コヘレトの時代状況から語られているようだ。ユダ、ヨナタン、シモンの三人兄弟はセレウコス王朝との武力闘争を企て、ユダヤに勝利をもたらした。三人目のシモンは、ヨナタンが指導者であった時期から闘争に参加していた。コヘレトはこのマカバイ兄弟の闘争を念頭に置きながら、社会的連帯を強く訴えているのである。

4:13–16は政治的領域で望ましい態度が記される。貧しくても賢い若者が王に就くことをコヘレトは支持する。コヘレトの時代状況において、それはヨナタンが大祭司となることを民衆が強く支持したことを示している。そのようにユダヤにおいて政治的支配権が民衆の指導者に移譲されることをコヘレトは望ましいと見ているようだ。これを支持しない黙示的グループをコヘレトはまた揶揄している。

4:17–5:6 は祭儀領域での望ましい態度が記される。コヘレトは神殿礼拝を尊重している。おそらく、この背景にも時代状況がある。ここでは、神殿祭儀を拒否した黙示的集団が批判されているのだろうか。クムラン宗団は紀元前 152 年のヨナタン大祭司就任を認めずに、神殿祭儀を拒否し、神殿共同体から離脱したことが知られている。夢を見る愚かさが指摘されるが、神殿祭儀を拒否する黙示的集団が夢解きにおいて神の啓示を示すことをコヘレトが揶揄している可能性はある。この愚者たちの行動に対して、コヘレトは祭儀共同体の維持ということを強く意識している。

5:7–16 は「太陽の下での虐げ」という中心主題が繰り返される。富を獲得することしか関心のない富者がいる一方で、搾取され、貧しく生きる多くの民衆がいる。公正も正義も失われ、社会的な連帯が失われている。コヘレトは民衆に寄り添って、暖かい眼差しを向けている。

5:17–19 は結論である。ここでコヘレトは心地よく飲食し、幸いを経験することこそが大切であると説く。労苦を楽しむことは神の賜物である。コヘレトは社会の不平等や搾取の現実を嘆きながらも、与えられた人生を喜ぶことを勧める。これは享楽主義などではない。

以上、4–5 章においてコヘレトは一貫して社会的連帯を語り、祭儀的共同体の形成を意図している。経済上の不平等が、あるいはまた神殿祭儀を軽んじることが、ユダヤ教の社会的連帯を崩す危険を孕むことをコヘレトは見ている。コヘレトという名称が「集める者」という意味であるのは、そのように経済格差が広がり社会の連帯や絆が失われている現実において、コヘレトが祭儀共同体を保持しようとする意図と関係している。東日本大震災以後、「絆」や「寄り添い」が流行語となっている。絆も寄り添いも社会的連帯を意味する言葉である。現代は経済格差が広がり、社会的弱者が切り捨てられあえいでいる時代である。コヘレトが弱い者に寄り添い、絆と連帯を呼びかけていることにわれわれも慰めを見出す。この箇所と関係するのは新約聖書のマタイ福音書５章である。「義に飢え渇く人々は、幸いである、その人たちは満たされる。」「義のために迫害される人々は、幸いである、天国はその人たちのものである。」この幸いの教えにおいて、イエスは虐げられる者、貧しい者に寄り添い、慰めを語っている。貧しい者や迫害される者が幸いであるというイエスの教えはコヘレトの社会批判の言葉と繋がる。しかし、コヘレトの社会批判は、現実的にはヨナタン以後のハスモン王朝の支配に道を開くものである。そのことを認識するならば、このコヘレトの政治的立場は、後のユダヤ教団が辿る歴史を顧みる際に相対化されねばならず、限界を有することをわれわれは知る必要がある。というのも、コヘレトが支持したヨナタンは虐げられ搾取された民衆を解放したが、やがて彼を継承する人々がユダヤ教団の体制を支配し、民衆を虐げる側になるからである。

太陽の下での不幸（6:1–8:17）

【翻訳】

太陽の下での不幸

6 章

1 太陽の下で、わたしが見た不幸がある。それは人に重くのしかかっている。
2 神が人に富と宝と栄誉を与え、彼の魂には、望むものは何一つ欠けることが
なかった。けれども、神はそれを享受する[a]力を彼に与えず、他の人がそれ
を享受している。これは束の間であり、不幸なことである。
3 もし、ある人が百人の子供を得て、多くの年を生きたとする。その人生の年
月は豊かであったのに、彼の魂は良いものに満足せず、また彼には墓もなかっ
た。それよりは死産の子の方が良かった、とわたしは言う。
4 そうだ、彼は束の間に来て、闇の中を歩み、その名は闇に覆われる。
5 太陽を見ることも、知ることもないが、この子の方が安らかである。
6 たとえ千年を二度生きても、彼は幸いを見ることはない。みな一つの場所に

行くではないか。
7 人の労苦はすべて口による。けれども、魂は満たされない。
8 そうだ、賢者には愚者にまさる何の益があるか。貧しい人はどうして人生の
歩みを知るか。
9 目が見ることは魂が過ぎ去るよりも良い。これもまた束の間であり、風を追
うことである。
10 すでに存在するものは名で呼ばれる。それが人間だということも知られてい
る。彼は自分より強い者を訴えることはできない。
11 言葉が多ければ、束の間も増す。それが人には何の益になるか。
12 そうだ、束の間の人生の日々において何が人にとって良いかを誰が知るだろ
うか。彼はその人生を影のように過ごす。太陽の下、その後に何が起こるか
を誰が人に告げることができようか。

7 章

1 名声は良質の油よりも良い。死の日は誕生の日よりも良い。
2 喪の家に行くのは酒宴の家に行くよりも良い。そこには、すべての人間の終
わりがある。生きる者はそれを心に留める。
3 悩みは笑いよりも良い。そうだ、顔が曇っても、心は晴れる。
4 知者たちの心は喪の家にあり、愚者たちの心は喜びの家にある。
5 知者の叱責を聞くのは愚者たちの歌を聞くよりも良い。
6 そうだ、愚者の笑いは鍋の下で茨がはじける音のようだ。これも束の間である。
7 そうだ、虐げは知者を愚かにする。贈り物は心を失わせる。
8 言葉の終わりは始まりよりも良い。気が長いのは気が高いよりも良い。
9 気持ちにおいて急がず悩んではならない。そうだ、愚者たちの胸に悩みが宿る。
10 昔の日々が今より良かったのはなぜか、と言ってはならない。それは知恵に
基づいた問いではない。
11 知恵は嗣業と共に良いものである。太陽を見る者たちにとって益となる。
12 そうだ、知恵の陰は銀の陰。知恵はそれを有する人を生かす、と知ること
に益がある。
13 神の業を見よ。彼が曲げたものを誰がまっすぐにできようか。
14 幸いな日には幸いであれ、不幸な日には見よ。神はあれもこれも同じように

造られた。人が後のことを見出さないように。
15 わたしの束の間の日々にすべてをわたしは見た。義ゆえに滅びる義人がおり、
悪ゆえに生き永らえる悪人がいる。
16 あなたの義が多すぎてはならない。あなたは過度に賢すぎてはならない。ど
うしてあなたが自滅してよかろうか。
17 あなたは悪すぎてはならない。愚かであってはならない。どうしてあなたの
時でないのにあなたが死んでよかろうか。
18 こちらをつかんでもよい。けれども、あちらからも手を離してはならない。そ
うだ、神を畏れる者はいずれからも逃れる。
19 知恵は知者を力づけ、町にいる十人の支配者たちを凌ぐ。
20 そうだ、この地には、良いことを行って罪を犯さないような義人はいない。
21 人々が語るすべての言葉にあなたは心を留めてはならない。そうすれば、あ
なたを呪うあなたの僕（しもべ）に耳を貸すことはないだろう。
22 そうだ、あなた自身が他人を何度も呪ったことをあなたの心は知っているは
ずだ。
23 これらすべてをわたしは知恵によって吟味した。わたしは言った、「知者に
なろう」と。けれども、それはわたしから遠かった。
24 すでに存在するものは遠くて、深く、また深い。誰がそれを見出せるか。
25 わたし、わが心は知恵と戦略を知り、突きとめ、探求しようとした。そして、
悪は愚かで、愚行は狂気であることを知った。
26 わたしは見出した。「死よりも苦い女。女は罠、その心は網、その手は枷。
神の前に良しとされた者が女から免れる。罪人は女に捕えられる。」
27 見よ、これをわたしは見出した、とコヘレトは言う。一つ一つについて結論
を見出すために。
28 再びわたしの魂は探求したが、わたしは見出せなかった。「千人の中に一人
の男をわたしは見出したが、これらすべての中に女を見出さなかった。」
29 けれども、見よ、わたしはこれを見出した。神は人間を正しく造ったが、彼
らは大いなる策略を探求する。

8 章

1 誰が知者のようであるか。誰が言葉の解釈を知るか。人の知恵はその顔を

輝かせ、その顔の力は変容する。
2 わたし[b]。神との誓いの言葉ゆえに、王の口を守れ。
3 王の前からあわてて立ち去らず、悪しきことに掛り合うな。彼はすべてを思い通りにするからだ。
4 王の言葉には権威がある。何をなさる、と誰が彼に言えようか。
5 命令を守る者は悪しきことを知らない。しかし、知者の心は時と秩序を知る。
6 そうだ、すべての出来事には時と秩序があり、人間の不幸は彼の上に大きい。
7 何が起こるかを知る者は一人もいない。そうだ、何が起こるかを誰がその人に告知できるだろうか。
8 息[c]を支配し、息[d]を止める人はいない。また、死の日を支配できる人はいない。戦争から解放されることはなく、不義はその首領を救わない。
9 これらすべてをわたしは見て、太陽の下で起こるすべての業に心を向けた。人が人を支配し、災いを自らに招く時である。
10 こうした中で、悪人たちが近づく[e]のをわたしは見た。彼らは聖なる場所に出入りしていたのに、正しく行っていたことは町で忘れ去られた。これもまた束の間である。
11 悪しき行いに対して法令が速やかに執行されないため、人の子らの心には悪をなそうとする思いが満ちる。
12 百度も悪を行いながら、生き永らえる罪人がいる。そうだ、わたしも知っている。神を畏れる人々は、神を畏れるからこそ幸いがある。
13 また、悪人には幸いはない。悪人は神を畏れることがないゆえに、その人生は影のようで、生き永らえることがない。
14 しかし、地上に起こる束の間がある。悪人の行いにふさわしいことが義人に降りかかり、義人の行いにふさわしいことが悪人に降りかかる。わたしは言う。これも束の間であると。
15 そこで、わたしは喜びを称賛する。太陽の下で食べ、飲み、楽しむこと以外に人に幸いはない。これは、太陽の下で神が与える人生の日々の労苦において、その人に伴う。
16 わたしは知恵を知るために心を傾け、地上で行われる務めを見ようとした。そうだ、昼も夜も、見ようと目には眠りがなかった。
17 わたしは神のすべての業を見た。そうだ、太陽の下で行われる業を人は見極められない。人が探求しようと努めても、見極められない。たとえ知者が知っていると言ったとしても、彼も見極めることはできない。

a: 直訳は「食べる」。

b:「わたし」については注解を見よ。

c: あるいは「風」、さらに「霊」とも訳せる（新共同訳）。

d: 同上。

e: BHQ による。別訳「葬られる」。

【形態／構造／背景】

6–8 章は、3:22b および 8:16–17 を枠組みとするコヘレト書中心部分の後半部である。前半部である 4–5 章は「太陽の下での虐げ」（A）を主題としたが、6–8 章は「太陽の下での不幸」（B）を主題とし、4–5 章の構成と並行した構造を示す。この部分の構成は次の通りである。

6:1–9	太陽の下での不幸（枠組み B）
6:10–12	（「問い」と「答え」の確認）
7:1–22	黙示批判 1. 歴史認識
7:23–29	黙示批判 2. 謎解き
8:1–8	黙示批判 3. 解釈
8:9–14	太陽の下での災い（枠組み B'）
8:15	結論
8:16–17	「答え」（3:22b と対応し、4–8 章全体の枠組みをなす）

この 6–8 章では、主題「太陽の下での不幸／災い」が全体の枠組み（B–B'）となっている。枠組み B（6:1–9）では、6:1 の「太陽の下で、わたしが見た不幸がある」が導入句となり、6:9 で「風を追うこと」で結ばれる。枠組み B'（8:9–14）でも、この主題が繰り返される。この主題の枠組みの間で、三つの批判的議論が展開される。また、8:15 では「飲み食い」が賛美され、この段落の結論となっている。以上の構成は 4–5 章とほぼ同

じである。6–8章の特徴は、8:16–17が3:22bの「問い」に対する最終的な「答え」を示し、また6:10–12が「問い」と「答え」の確認という機能を果たしているということである。また、黙示批判の主題が三部に分かれて展開されている。7:1–22は黙示の「歴史認識」を批判し、7:23–29は黙示の「謎解き」を批判し、8:1–8は黙示の「解釈」を批判している。コヘレト書が黙示批判を意図した書であることはすでに緒論でも指摘した。4–5章では具体的に社会批判が展開されたが、6–8章ではコヘレトは黙示思想を批判している。

この部分の背景にあるのは、黙示思想によるユダヤ教団内部の思想上の混乱である。ユダヤ教団において、黙示思想はダニエル書の成立によってすでに認知されていた。ダニエル書以外にヨベル書や第1エノク書の一部なども知られていたに違いない。この黙示思想はユダヤ教の伝統的な思考を揺るがすものを有していた。それは、エルサレム神殿で祭儀に参加することがイスラエルの民たるアイデンティティーであり、全員が祭儀共同体を担うことによってユダヤ教団は保持されてきたからである。ところが、ヨナタンの大祭司就任を一つの契機としてクムラン宗団が祭儀共同体から離脱し、独自の共同体形成を始めた。これは神殿祭儀が相対化される由々しい問題であり、セレウコス支配から政治的独立を勝ち得てようやく民族共同体の形成基盤ができたコヘレトの時代において、黙認できない事態であったに違いない。

ヨセフスによれば、エッセネ派はファリサイ派およびサドカイ派と共にヨナタンの時代に出現した。それは4000人もの規模であったと言われる（『ユダヤ古代誌Ⅵ』19頁）。4000人という記述はヨセフスの同時代である紀元前後に由来するかもしれないが、その勢力は成立当初からユダヤ教団において無視できないものであった。祭儀共同体から離脱したクムラン宗団は終末時を強く意識して、間近に迫る終末到来を渇望し、それまでユダヤ教において共通の社会的基盤を否定した。

たとえば、黙示的集団は富を軽蔑し、財産を共有する制度を有した。これについては、フィロンもこう証言している。「誰一人、私有財産を持とうとする者はなく、家、奴隷、土地、家畜、その他、何であれ、富をもたらすようなものは一切私有しない」（『フィポテティカ』11:4）。また、ヨセフスによれば、エッセネ派は「快楽を悪として退け、自制することと情欲に溺れないことを徳と見なしている。彼らの間では結婚は蔑視すべき事柄である」（『ユダヤ戦記 I』276 頁）とされる。さらに、「これから起こることを予知できるとすら公言する者たち」（同、285 頁）がいた。クムラン宗団との同定は難しいが、この集団は極端な禁欲的生活をしていたことがわかる。この集団の思想的基盤に黙示的終末思想があることは言うまでもない。

このようにイスラエルの伝統的な規範や思想をなし崩しにする黙示的集団がユダヤ教団の中に生じたために、これに対峙する必然性が知恵の教師コヘレトにはあったと考えられる。その意味で、コヘレトが「集める者」（ヘブライ語のカーハルは民を集めるという意味）というニックネームを有したことは理由のないことではない。紀元前 150 年代において、コヘレトが黙示思想を批判する十分な理由はあったと言わなければならない。

【注解】

（6:1–9　太陽の下での不幸）

6 章 1 節　「**太陽の下で、わたしが見た不幸がある**」は、4:1 の「わたしは振り返った。太陽の下で行われるあらゆる虐げを」に対応している。「不幸」（ラーアー）はこの 6–8 章の中心概念である。

2 節　「**神が人に富と宝と栄誉を与え**」とは、人が手に入れる財産は神からの賜物だということ。けれども、「**神はそれを享受する力を彼に与えず**」とは痛烈な皮肉である。「享受する」とは、「食べること」である。「**他の人**」は異邦人とも訳せるが、ここでは自分以外の人に財産を付与するという振舞いを示している。富を放棄する生活をほのめかすこの記述は、黙示的集団の特徴と一致する。神から与えられた賜物を享受しないことをコヘレトは「**束の間であり、不幸なことである**」と評価している。ここでの「束の間」はネガティブな意味である。

3 節　多くの子孫を残し、長寿をまっとうした人が「**彼の魂は良いものに満足せず**」とは、2 節と繋がる内容である。「満足せず」は 1:12–2:23 におけるソロモンの虚構の主題と類似する。「**墓もなかった**」は「埋葬されなかった」ということで、不名誉なしるしである。ユダヤ社会では、死者が埋葬されないことは大きな問題であった（トビ 2:3–8）。「**死産の子の方が良かった**」とは、生まれて来なかった方がよかったという意味になる（ヨブ 3:16 参照）。これは、構造的対応関係にある 4:2–3 と意味的に同じ内容である。生を否定するような内容ではあるが、コヘレトは決して自死を奨励しているわけではない。エレミヤも自らの存在を否定することを語るが、それは死を美化する意味では決してない（エレ 20:14–15）。

4–5 節　内容的には 3 節の繰り返しである。死産の子の生涯は束の間であって、記憶されないということ（イザ 26:18 参照）。「**束の間に来て**」とは、ほんのわずかしか生きられないという表現である。「**太陽を見る**」とは生きることを意味する。それを見ない死産の子の方が安らかだとは強烈な皮肉である。しかし、コヘレトの意図は、生きることの否定ではなく、人生に満足しない禁欲的な生き方に対する否定なのである。

6 節　この 6 節の主語「**彼**」は前節の「この子」（死産の子）ではなく、3 節の「ある人」のことである。「**千年を二度生きても**」とは、二千年の寿命であったとしても、ということ。創世記では、アダムをはじめとする太古の人間は長寿だが、千年には至らない。それよりも二倍の長寿はありえない寿命である。けれども、それほど長生きしても楽しみ満足することがない人生をコヘレトは徹底的に揶揄する。人生を楽しむことを悪と見る黙示的集団への疑念ではなかろうか。「**みな一つの場所に行く**」とは、人はみな死ぬ運命にあることを語っている。

7 節　「**口による**」とは食べる（享受する）ということ。けれども、人は満足しない。「**魂**」ネフェシュは喉、食欲とも訳せる。「**満たされない**」は 1:7, 8 では終末批判の表現である。これは 4:8 と対応した表現である。

8 節　賢者と愚者が相対化される。これは、6 節の通り、賢者も愚者もみな一つの場所に行くからである。「**貧しい人はどうして人生の歩みを知るか**」は意味がはっきりしない。直訳すると「生ける者たちの前で歩むために、貧しい人は何を知るか」となる。「貧しい人」アニーはコヘレト書ではここだけ。これは「耐える人」とも訳すことができる。禁欲的に生きる人にとって人生は益となるだろうか、というコヘレトの問いである。この「貧しい人」は、6 節がそうであるように、黙示的集団を指すと思われる。

9 節　「**目が見ることは魂が過ぎ去るよりも良い**」は、現世を生きること

（目が見ること）が死ぬこと（魂の過ぎ去ること）に優る、という意味である（9:4 参照）。コヘレトの姿勢が現れている。「魂が過ぎ去る」は「欲望がさまよう」とも訳せる。「魂」は 6 章では 2, 3, 7 節にも現れる。「**これもまた束の間であり、風を追うことである**」は、6:1 に始まる「太陽の下での災い」の結論である。なお、マソラ伝承本文ではこの 6:9 と 6:10 の間に行間がある。ライトによれば、コヘレト書の節数は 1:1–6:9 まで 111 節あり、6:10–12:14 までがやはり 111 節ある。ちなみに、ヘブライ語ヘベルの数価は 37 であり、それを三倍すると 111 になる。

（6:10–12 「問い」と「答え」の確認）

6:10–12 は前後の文脈から離脱しているが、これは本注解の分析によれば、3:22b の「問い」と 8:16–17 の「答え」というカテキズム的な枠組みが存在することを確認するために、4 章から 8 章に及ぶ長い段落の途中に置かれた移行的箇所である。

3:22b　**〈問い〉「その後に何が起こるかを誰が人に見せてくれるだろうか。」**
6:10–12　「太陽の下、その後に何が起こるかを誰が人に告げることができようか。」（問いの確認）
8:16–17　**〈答え〉「太陽の下で行われる業を人は見極められない。」**

10 節 「**すでに存在するものは名で呼ばれる**」は、コヘレトが将来について疑念を示し、過去の知識に価値を置いていることを示している。1:9 および 3:15 を参照せよ。「**それが人間だということも知られている**」は、人間の存在が過去において意味があるという意味だろう。つまり、未来は不確かなのであって、過去こそが確かなものとして存在するということである。これはコヘレトの終末論批判の表現である。「**彼は自分より強い者を訴えることはできない**」は、死を超えることはできないというコヘレトの判断を示している。

11 節 「**言葉が多ければ、束の間も増す**」は 5:2「言葉が多ければ、愚者の声」を想起させる。ここでの「束の間」は空虚という意味。これは黙示批判を意味する。「**それが人には何の益になるか**」は、否定的な答えをほのめかす。西村俊昭は「言葉」を「出来事」と訳すことによって、人間の世界が無秩序である様を読み取る。コヘレト書ではダーバールは基本的には「言葉」を意味するが、ヘブライ語ダーバールは「言葉」と「事柄」の両方を指す。

12節　「**束の間の人生の日々**」はコヘレト書に特徴的な人生認識であって、人生の短さを意味する。この認識はそれ自体としてペシミズムを醸し出すように見えるが、それがコヘレトの結論ではない。そこから人生肯定に向かうところにコヘレト書の特徴がある。「**彼はその人生を影のように過ごす**」も同様。「**太陽の下、その後に何が起こるかを誰が人に告げることができようか**」はコヘレト書では重要な表現である（8:7参照）。「**その後に**」は象徴的に「死後」を指している。死後に何があるかを人は知りえないのである。この12節後半の表現は、3:22bの問い「その後何が起こるかを誰が人に見せてくれるだろうか」を確認し、8:16–17の結論に向かってさらなる議論を展開しようとするコヘレトの意図を示している。

（7:1–22　黙示批判 1. 歴史認識）

7:1–22には格言的な言葉が並ぶ。雑然として纏まりはないかに見える。コヘレトはここで伝統的な知恵を批判し、それが現実に適合しないことを語っているようだ。けれども、それだけではとうてい説明しきれない複雑なものがある。この段落には、むしろ黙示的な歴史認識を批判する内容が含まれることに注目したい。

7章1節　前半は「**名声**」シェームと「**油**」シェメンが語呂合わせになった格言。名声は死後に残るもので、油は誕生と死の際に用いられる。したがって、前半の格言と後半の格言は意味的に並行している。後半では「**死の日**」が「**誕生の日**」より良いとされる。生きるより死ぬ方が良いという意味になりそうだが、これは人が死で終わることをきちんと受け止めたコヘレトの言葉であって、決して自殺願望ではない。

2節　「**喪の家**」は直訳すれば「悲しみの家」であり、「**酒宴の家**」は宴会を意味する。喪の家には「**人間の終わり**」がある。「終わり」ソーフは存在の停止を意味する。コヘレトは「終わり」を表現する場合に、ソーフを用いる。ケーツを用いる場合には必ず否定辞が付く。ケーツは黙示的な終末概念（ダニ12:4, 9）だということをコヘレトは認識しているからである（4:8, 16 注解参照）。コヘレトにとって「終わり」は人間の死であって、歴史の終末ではない。ここでコヘレトが言わんとするのは、「生きる者」は死を認識することによって、生きることの意味に気づかされる、ということである。この逆説的真理が語られているのである。

3節　「**悩み**」カアスは「悲しみ」「憂い」「怒り」とも訳せる（1:18; 2:23; 7:9; 11:10）。この「**悩みは笑いよりも良い**」も逆説的な真理を語る。

4節　知者と愚者について対比的に語る格言である。「**喪の家**」は 2 節参照。「**喜びの家**」は 2 節の「酒宴の家」に対応し、宴会を指す。喪の家でこそ知者は人生を深く学ぶ。これも逆説的真理である。

5節　「**知者の叱責**」とは、知者が懲らしめを受けるということ。箴言 17:10「理解力ある人を一度叱責する方が、愚か者を百度打つよりも効き目がある」を想起させる。「**愚者たちの歌**」とは愚者が賛美する歌ということ。

6節　「**鍋**」シールと「**茨**」シーラーが語呂合わせになっている。さらに 5 節の「歌」シール、「愚か者」ケシールとも語呂合わせになっている。

7節　「**虐げは知者を愚かにする**」は「虐げは知者を狂わせる」とも訳せる。「虐げ」については 4:1 や 5:7 にも見られる。15 節とも関係するが、「**贈り物は心を失わせる**」は賄賂によって知者も破滅するという意味。抑圧の悲惨が表現されているが、ユーモアが醸し出されている。

8節　「**言葉の終わり**」とは事柄の結末という意味。「終わり」アハリートはダニエル書では終末論的用語である（10:14; 12:8）。それが「**始まりよりも良い**」ということは皮肉であって、歴史は破局には向かわないというコヘレトの歴史観をほのめかす。これに対して、ダニエル書に見られる黙示思想の歴史観は、終末の滅びに向かって怒涛のように時が流れるという頽落的歴史観である（レーブラーム）。この歴史観をコヘレトはひっくり返すのであり、これは反黙示的表現である（10:13 をも参照）。8 節後半の格言では「**気が長い**」と「**気が高い**」が対比される。前者は忍耐、後者は高慢を意味する。

9節　「**気持ちにおいて急がず**」は前節の「気が長い」に繋がる言葉。「悩んではならない」は「怒るな」「苛立つな」とも訳せる。「悩み」は 3 節と同じ。

10節　「昔の日々が今より良かった」とは8節と同様で、頽落的歴史観をほのめかす。歴史は終末の破局に向かってとめどなく悪化する、という考え方が黙示思想にはある。たとえば、「悪の種が最初にアダムの心に蒔かれたために、今までどれほど多くの不信仰を実らせたことだろう。それは、脱穀の時が来るまで実らせ続けるだろう」（エズ・ラ 4:30）も頽落的歴史観を示す。けれども、コヘレトはそのように問うことを拒否している。旧約の伝統的な考え方では、歴史が終末に向かうとは必ずしも考えられていない（創 8:22）。コヘレトは、世界は終わらないという知恵の歴史観から黙示的歴史観を批判しているのである。

11節　「嗣業」（ナハラー）はコヘレト書ではここだけに用いられる。イスラエルが神から与えられた土地を示す。「**知恵は嗣業と共に良いもの**」ということは、過去から受け継いできた財産は現に価値あるものであって、知恵もそうだということ。コヘレトは伝統的な知恵の考え方を益としている。しかし、ここでは伝統的な知恵が批判されているのではない。コヘレトの批判する対象が伝統的な知恵だと判断することは一面的な理解である。コヘレトの批判対象はむしろ黙示思想である。

12節　「知恵はそれを有する人を生かす、と知ることに益がある」は「知識の益は、知恵がそれを有する人を生かすことである」とも訳せる。

13節　「神の業を見よ」とは、過去における神の業を見なさい、ということ。これは未来に目を向けることを否定した表現である。「**彼が曲げたものを誰がまっすぐにできようか**」は、1:15「曲がったものはまっすぐにはならず」と同じ意味。「彼」とは神を指す。神がなさったことを変えることはできないゆえに、現実をそのまま受け入れよ、ということであろう。

14節　「幸いな日には幸いであれ」は「幸いな日には楽しめ」とも訳せる。「**不幸な日には見よ**」は、何を見るかがはっきりしないが、「見よ」は「熟考せよ」と理解することもできる。「**神はあれもこれも同じように造られた。人が後のことを見出さないように**」は、人間が未来を認識できないように神はあらゆるものを創造なさった、ということである。「後のこと」（アハラーウ）とは「未来」であり、また「終末」とも訳せる。人間にはもともと終末到来を知りうる力がないのであって、これはコヘレトの強烈な黙示批判の言葉である。マソラ伝承本文はこの14節と次の15節の間に行間があるが、14 節の黙示批判は次の 15 節でも継続されている。

15 節　ここで突然、「義」ツェデクと「義人」ツァディークについて語られる。「**義ゆえに滅びる義人**」と「**悪ゆえに生き永らえる悪人**」が対比されている。これは、箴言に見られる応報的な知恵に対して、しばしば行為・帰趨・連関の崩壊、知恵の危機として説明される。けれども、「義ゆえに滅びる義人」とは、具体的には義を旗印に神殿共同体から離脱した初期クムラン宗団を指しているのではないだろうか。これは、8:14 と関連する。

16 節　「**義が多すぎてはならない**」「**過度に賢すぎてはならない**」は、15 節同様に、黙示的集団への批判である。この集団は律法を忠実に守る、敬虔で、義なる人々である。ヨセフスによれば、「この派は、もっとも高い聖性のために訓練することで評判を取っている」（『ユダヤ戦記 I』276 頁）。彼らはヨナタンの大祭司就任を拒否して、エルサレム神殿での祭儀には加わらず、自らを真のイスラエルとした。「**どうしてあなたが自滅してよかろうか**」は、その黙示的集団の自己破滅をほのめかしている。なお、「過度に」（ヨーテール）は本来、「利益」を意味するが、ここでは副詞的に機能する（2:15; 7:16 にもヨーテールがある）。

17 節　「**悪すぎてはならない**」「**愚かであってはならない**」は 16 節と並行する表現。「悪すぎてはならない」は多少の悪は赦されるという意味では必ずしもないであろう。「**どうしてあなたの時でないのにあなたが死んでよかろうか**」は、16 節と同様の結末を示す。

18 節　「**こちらをつかんでもよい。けれども、あちらからも手を離してはならない**」は中庸の美徳を示す格言だと理解されてきた。けれども、これは中道の教えではなく、極端な行動によって社会的に逸脱することを戒める言葉だと考えられる（月本昭男）。黙示的集団の祭儀共同体からの離脱はまさしく極端な社会的逸脱であって、それを暗に批判した言葉ではないだろうか。「**神を畏れる者はいずれからも逃れる**」は 12:13 とも類似する。いずれもコヘレト自身の言葉であって、これを編集的付加と見る必要はない。なお、「神を畏れる」はこの箇所以外に、3:14; 5:6; 8:12, 13; 12:13 に出てくる。

19 節　「**知恵は知者を力づけ、町にいる十人の支配者たちを凌ぐ**」は知恵の格言だろうか。町には十人の支配者がいるという伝統的な考え方があったらしい（ルツ 4:2）。コヘレト書の歴史的な背景から考えれば、9:13–16 がそうであるように、マカバイの兄弟たちがセレウコスの支配者たちに立ち向かう力を有する、という意味だと説明できる。

20 節 「**この地には、良いことを行って罪を犯さないような義人はいない**」は極めて現実主義的で冷めた言葉である。コヘレトは敬虔な黙示的集団について、このように冷めた目で批判をしている。

21 節 「**人々が語るすべての言葉にあなたは心を留めてはならない**」は世間の風評に惑わされるな、ということだろうか。「**あなたを呪うあなたの僕**（しもべ）**に耳を貸す**」とは、どのような状況を指すかはっきりしないが、「呪う」という語において、10:20 との関連が想定される。これについて、ヨナタンの大祭司就任時にもセレウコスとの軍事的政治的な対立関係があり、またイスラエル内部にも緊張関係があったことがマカバイ記一 10:59–66 に記されている。コヘレトの時代は社会的に混沌とした時代であった。

22 節 「**あなた自身が他人を何度も呪った**」は前節と繋がるが、意味がはっきりしない。けれども、「他人」アヘーリームは 8 節の「終わり」アハリートおよび 14 節の「後のこと」アハラーウと語呂合わせで用いられていると推測しうる。その限りにおいて、「他人」は「終わりの共同体」を自認する黙示的集団を指していると考えられる。こうして考えてみると、単に断片的な格言の羅列であるかに見える 1–22 節には、歴史認識に基づいたコヘレトの黙示批判を一貫して読み取ることができる。

（7:23–29　黙示批判 2. 謎解き）

23–29 節は難解な段落だが、ここでコヘレトは知恵的な謎解きを展開している。23–29 節で「探求する」バーカシュが 3 回、「見出す」マーツァーが 8 回用いられ、これが段落全体の主導語となっている。

23 節　この 23 節は段落の導入である。「（わたしは）**知者になろう**」という決意が述べられる。「**遠かった**」は、知者になろうとの決意が挫折したことを表現する。

24 節 「**すでに存在するもの**」とは、23 節で知恵によって吟味した内容を示す。それは「**遠くて**」という表現において、探求の不可能を示す。「深い」アーモークは「遠い」ラーホークと語呂合わせで用いられている。

前者は垂直次元、後者は水平次元である。「**誰がそれを見出せるか**」において「見出す」マーツァーが用いられる。これは「知る」「解く」「到達する」とも訳せる。

25節「**わたし、わが心は知恵と戦略を知り、突きとめ、探求しようとした**」はコヘレトによる探求の開始を意味する。「戦略」ヘシュボーンはコヘレト書だけに見られる語である（ここと27節のほか、9:10に見られる）。27節でも繰り返される。また、「探求する」バーカシュは28節と29節でも繰り返され、コヘレトの思考の筋道がわかる。「**愚行は狂気である**」はコヘレト書において特徴的な表現。1:17と2:12では「愚行」シクルートと「狂気」ホーレロートが逆の順序で表現される。シクルートについては、1:17では頭文字がサメクではなくスィンで表記されている。つまり、この名詞は語根サカルから派生することも暗示される。サカルは「賢くなる」であって、その動名詞複数形マスキーリームはダニエル書では黙示的指導者を指す。「愚行」シクルートは暗示的な語呂合わせでこの「黙示的指導者」マスキーリームをほのめかしている（緒論参照）。つまり、コヘレトはここで黙示思想と対論しているのである。

26節　この節はコヘレト自身による引用である。コヘレトは諺を引用し、それを探求しようとする。「**死よりも苦い女。女は罠、その心は網、その手は枷**」は奇妙な引用文だが、コヘレトの女性嫌いを意味しない。ローフィンク（Lohfink 1979）はこれが女性の不死性を示唆する格言であったと推測し、リゼナー（Riesener 1996）はこれが女性に擬人化された「知恵」の比喩だと説明する。この諺の由来については、黙示的集団を揶揄する諺である可能性がある。ヨセフスはエッセネ派について「彼らは結婚やそれによる後継者づくりを非難しないが、女たちの奔放な性からわが身を守ろうとする。それというのも、女というものは決してひとりの男に操をささげるものではないと彼らは信じているからである」（『ユダヤ古代史Ｉ』276頁）と記述しており、その内容は本節と酷似している。本注解は、コヘレトが本節を知恵の命題として、謎解きを企てていると考える。謎かけ／謎解きは知恵の文学的技巧であって、謎を解くことが知者の使命である（箴1:2–6）。謎とは「暗号的言語に由来する同時的解釈の仕掛けである」（クレンショウ）。「罠」メツォディームも「網」ハラミームも「枷」アスリームも女性に関わっているが、いずれも軍事的な戦争用語である。なお、「罠」メツォディームは、偶然とは思えないが、μισο-γυνή「女性嫌悪」(=Misogyny) というギリシア語と音韻上の関係がある。「**神の前に良しとされた者が女から免れる**」は、「女」という枷から逃れられない男性の宿命を揶揄しているかに見えるが、「女」はいわば暗号的言語であって、この謎かけ歌の謎解きを促していると考えられる。

27節　「**コヘレトは言う**」はしばしば編集的記述と説明されるが、コヘレト自らが結論を提示しようとして語った言葉である。

28節　「**わたしは見出せなかった**」は否定的な結論であるかに見えるが、「見出す」「見出せない」というリズムは知恵文学の一つの修辞的技巧である（雅3章）。「**千人の中に一人の男をわたしは見出したが、これらすべての中に女を見出さなかった**」は、26節の謎かけに対してコヘレトが応答した謎解きである。「千人に一人」をミヘルはシラ書6:6から「信頼できる友人」を意味すると解釈するが、文脈に合わない。むしろ、ここでは「千人」エレフが軍事的に、千人規模の部隊である「旅団」を意味することが重要となる（「部族」の単位でもある）。26節の謎かけ歌に対し、戦争を遂行する部隊には「女」はいない、という謎解き歌でコヘレトは答えたのである。26節の謎かけ歌と28節の謎解き歌においては、「女」が暗号的言語となって、戦争から逃れられない現実が比喩的に表現されている（謎解きについては、士14章参照）。これは8:8「戦争から解放されることはない」と響き合っている。ちなみに、新共同訳「千人に一人として、良い女は見いださなかった」は誤訳である。原文では「女」に「良い」という形容詞は付いていない。このように「女性がいない」という物言いにおいて、コヘレトはクムラン宗団に女性はいないと揶揄している可能性もある。

29節　「**神は人間を正しく造ったが、彼らは大いなる策略を探求する**」はこの段落におけるコヘレトの結論で、黙示批判を示している。「策略」ヒシュボーノートは「計画」とも訳せる。この語は代下26:15では「攻城堡塁」を意味する。興味深いことに、7:26「罠」メツォディームが9:14では「攻城堡塁」を意味するゆえに、ここでの「策略」は「罠」と同一の意味になる。コヘレトは実に巧みな謎かけ／謎解きをやっている。

（8:1–8　黙示批判 3. 解釈）

この段落も難解な部分として知られ、内容的に支離滅裂な印象がある。多くの注解は 8:1 を前の段落に含め、2 節から新たな段落が始まると見る。けれども、それは支持しがたい。なぜならば、1 節が 7 節と共に「問い」と「答え」という形で枠組みとなっているからである（緒論を参照）。「誰が言葉の解釈を知るか」は「問い」であって、その「答え」が 7 節の「何が起こるかを知る者は一人もいない」である。この「問い」と「答え」の枠組みにおいて段落 8:1–8 が構成される。図式化すると以下のようになる。

8:1a「問い」（枠組み）：誰が「言葉の解釈」を知るか
　　8:1b　　格言的命題
　　8:2–5a　コヘレトのコメント
　　8:5b–6　論敵のコメント
8:7　「答え」（枠組み）：「何が起こるか」を知る者は一人もいない
8:8　否定的結論

8 章 1 節　**「言葉の解釈」**ペーシェル・ダーバールの「解釈」ペーシェルはハパックス。旧約ではここにしか出てこないヘブライ語である。ヘブライ語には「解釈」を意味するパータルという語があるが（創 41 章に頻出）、コヘレトはそれを用いない。ところが、本節の「言葉の解釈」は、ダニエル書のアラム語部分では典型的な黙示的定式である（5:26）。コヘレトはそのアラム語の黙示用語ペシャルをヘブライ語ペーシェルで書き記している。要するに、コヘレトは「**誰が言葉の解釈を知るか**」と問題を提起し、ここから論争的な議論を始めようとしていると説明できる。本節後半の「**人の知恵はその顔を輝かせ、その顔の力は変容する**」は箴言に見られるような格言だが、これは「言葉の解釈」によって導入される格言的命題として機能している。興味深いことに、「顔の輝きが変わる」という表現がアラム語で記されるダニエル書 5 章（6, 9, 10 節）に見られ、いずれも王の文脈にある。

2 節　冒頭の「**わたし**」アニーは奇妙な物言いだが、これは「私は宣言する」という意味だと説明できる。「**王の口を守れ**」は王への忠誠を誓うということである。前節の「人の知恵はその顔を輝かせ、その顔の力は変容する」に対するコヘレト自身の解釈を提示している。しかし、なぜこの格言的命題から王への恭順命令をコヘレトは引き出すのであろうか。王への言及は文脈上、いかにも唐突である。しかし、前節の格言的命題と類似するダニエル書５章は王宮物語であり、そこから本節における王への恭順ということが説明可能となる。これについて、コヘレトの時代状況（BC150 年頃）から判断すれば、この王への恭順は大祭司ヨナタンへの従順を示唆するであろう。コヘレトは１節後半の命題からヨナタンに恭順せよ、という具体的な命令を引き出すのである。それはヨナタンを受け入れない黙示的集団とは逆の態度を示している。

３節 「**王の前からあわてて立ち去らず、悪しきことに掛り合うな**」は王宮での身の処し方を示す（5:1; 7:9 をも参照）。王に対する恭順を求めている。これもコヘレト自身による「言葉の解釈」の続きである。

４節 「**王の言葉には権威がある**」は前節と同じ意味。「**何をなさる、と誰が彼に言えようか**」はダニエル書 4:32 のほか、ヨブ記 9:12、イザヤ書 45:9 にも見られる。王には逆らえないという意味である。

５節 「**命令を守る者は悪しきことを知らない**」は、２節以降のコヘレト自身の「言葉の解釈」の結論と考えられる。けれども、本節後半から内容が一変する。「**しかし、知者の心は時と秩序を知る**」は 3:1–17 を想起させるが、そもそもコヘレトの考え方では、時と秩序／法は存在しても理解不能、という結論になるはずである。「神が初めから終わりまでなさった御業を人は見極めることはできない」（3:11）のであって、コヘレトはそもそも神の計画について不可知だからある。したがって、この「知者の心は時と秩序を知る」はコヘレトの見解ではなく、むしろコヘレトの論敵の考え方だと説明できる。このようなコヘレトの論敵の引用は本書においてほかにも見られる（10:16–17)。「時と秩序を知る」という思想は黙示的である。

６節 「**そうだ、すべての出来事には時と秩序があり、人間の不幸は彼の上に大きい**」は、前節後半と同様に、コヘレトの論敵の言述である。この論敵とはダニエル書の黙示思想を指す。この論敵は、すべての時は神によって決定されているという決定論を有し、アダム（人間）の罪ゆえの頽落的歴史観に立っている。

7節　「何が起こるかを知る者は一人もいない」は、1節の「誰が言葉の解釈を知るか」と対応している。「何が起こるかを知る」は、ダニエル書2章に繰り返される典型的な黙示的表現である。このアラム語表現をコヘレトは本節ではヘブライ語で表記し、「誰が……知るか」と否定している。1節の「言葉の解釈を知る」と7節の「何が起こるかを知る」が意味的に同一であることは、ダニエル書2章のテキストから明らかなことであって、コヘレトはそれをすでに認識している（緒論参照）。つまり、コヘレトは「問い」と「答え」というカテキズムを用いて、黙示的解釈を拒否していると考えられる。「**そうだ、何が起こるかを誰がその人に告知できるだろうか**」もその繰り返しである。

8節　「息」ルーアハは「霊」（あるいは「風」）とも訳せる。しかし、コヘレトはギリシア的霊肉二元論者ではない。ここでは「息を支配できない」ということにおいて、人間の生が神の創造の業であることを示す（12:7）。「**死の日を支配できる人はいない**」「**戦争から解放されることはなく**」は、コヘレトの結論であって、これはまた、7:23–29の結論とも一致する。要するに、コヘレトはこの段落でも、黙示批判を試みたのである。

（8:9–14　太陽の下での災い）

この段落は、6–8章の構造においては、6:1–9に対応し、共にこの段落の主題「太陽の下での災い／不幸」という枠組みを構成している。

9節　「人が人を支配し、災いを自らに招く時である」は、太陽の下で起こる災いをコヘレトが見つめていることを示す。

10節　この節は難解な箇所として知られている。「葬られる」ケブーリームについて、BHQは「**近づく**」ケレービームをオリジナルな読みとして提案する。本注解もそれを支持する。動詞カバルは子音字の入れ替えによってカラブとなり、もともと「近づく」という意味であったと判断される。これは4:17との関連から、神殿に「近づく」という意味であって、悪人たちが神殿に執着していることを暗に示す表現だと説明が可能である。しかし、コヘレト書において巧妙な言葉遊びがしばしば行われることから考えると、コヘレトが語の両義性を意識して表現したのではないかと推測することもできる。「**悪人たち**」について、「**彼らは聖なる場所に出入りしていたのに、正しく行っていたことは町で忘れ去られた**」と表現され、これもまた黙示的集団を指していると思われる。彼らが悪人とされるのは、伝統的な神殿祭儀を否定するからである。「正しく行っていた」の「正しく」ケーンは「そのように」とも訳される。「町で忘れ去られた」は、彼らがエルサレム神殿での祭儀を行わなくなったということだろう。

11 節　「**悪しき行いに対して法令が速やかに執行されない**」は、前節で示唆される黙示的集団の行動がユダヤ教団において黙認されていることを意味する。「法令」ピトガームはアラム語で、ペルシア語に起源する外来語である。

12 節　「**百度も悪を行いながら、生き永らえる罪人がいる**」は、誰のことを指すかの特定は難しいが、やはり黙示的集団だと説明できる。ヨセフスによれば、「エッセネびとは長命で、大半の者は百歳以上まで生きる。思うにこれは、単純で規律のある生活のおかげであろう」とされている（『ユダヤ戦記 I』283 頁）。コヘレトはこの集団を揶揄しているのではないか。「**神を畏れる人々は、神を畏れるからこそ幸いがある**」は、箴言に見られる伝統的な行為・帰趨・連関で語られている。編集者の付加と見る学者もいるが、コヘレトは伝統的な知恵の立場で考えているゆえに、そのように断定する必要はない（7:18 も同様）。

13 節　「**悪人には幸いはない。悪人は神を畏れることがないゆえに、……生き永らえることがない**」は 12 節後半の対句。これもコヘレトの認識である。

14 節　「**悪人の行いにふさわしいことが義人に降りかかり、義人の行いにふさわしいことが悪人に降りかかる**」は、伝統的な応報思想が成り立たないことを示している。けれども、これはむしろ黙示的集団を揶揄した表現だと思われる。本来、敬虔で、義である人々が神殿祭儀を行わない不敬虔な悪人の行動を取っているにもかかわらず、何も咎めを受けず、幸いに生活しているとすれば、この 14 節の意味を説明できる。

（8:15　結論）

15 節　この節は、6–8 章の結論と呼ぶべき箇所で、飲み食いが称賛される。「**わたしは喜びを称賛する**」は、神から与えられた生を喜んで生きる、というコヘレトの決意である。「**太陽の下で食べ、飲み、楽しむこと以外に人に幸いはない**」は、コヘレト書で繰り返される結論である（2:24–25; 3:12–13; 5:17–19）。

（8:16–17 「答え」）

16 節 16–17 節は、3:22b の「問い」に対する「答え」であって、4–8 章全体を囲い込む枠組みとなっている。「**わたしは知恵を知るために心を傾け、地上で行われる務めを見ようとした**」は 7:23 とも似ている。

17 節 「**太陽の下で行われる業を人は見極められない。人が探求しようと努めても、見極められない**」は、意味上、3:22b「そうだ、その後に何が起こるかを誰が人に見せてくれるだろうか」という問いに対して、否定でもって最終的な答えを提出している。本節では、「見極められない」が三度繰り返される。この不可知論は人間知の限界認識であって、コヘレトの確信である（3:11 も同様）。これは 3:22b との対応で理解するならば、終末認識の否定と説明することができる。これについて、ダニエル書 12:8 では「終わりはどうなるのでしょうか」と問い、「目覚めた人々は悟る」と肯定的に答える（12:10）。これと対照的な、反終末論的結論をコヘレトは提示していると説明できるだろう。

【解説／考察】

6–8 章は 4–5 章と対になって、コヘレト書全体の中心部 3:22b–8:17 を構成し、もっぱら黙示批判を展開する。4–5 章はコヘレトの時代背景から黙示的集団への社会批判が語られている。この 6–8 章では、コヘレトは思想的な次元での黙示批判を展開している。

6:1–9 は 6–8 章の導入であって、「太陽の下での不幸」について語る。4:1–3 で「太陽の下での虐げ」の導入では抑圧される者の苦境が述べられた。この 6:1–9 の「不幸」については、人生に満足しない人間の姿が「不幸」（ラーアー）と見られ、否定的に評価される。それは、人生を享受しない人々への批判である。黙示的共同体である初期クムラン宗団では個人の財産所有が否定され、財産は共有されたが、そのような富を蔑視する生き方への疑念がコヘレトによって提起されている。旧約聖書には富そのものを蔑視するという考え方はない。その伝統が黙示集団によって否定されている時代状況にコヘレトは直面し、それを看過できないのである。

6:10–12 は 3:22b の問いを確認する箇所で、前後の文脈上から独立している。ここでは、コヘレトは死の向こうには何もないことを語り、はっきりと復活を否定する。

7:1–22 は格言の羅列であって、特に解釈が難しいとされる（マーフィー）。ワイブレイは 7:1–14 には一貫したものはまったくないと断言する。けれども、ここでコヘレトはもっぱら黙示思想の歴史認識を批判している。1–14 節では、最初に死を語り、14 節で死の向こうを認識できないと語る。これは黙示的歴史認識に対するコヘレトの批判だと見ることができる。ダニエル書の黙示的歴史認識においては、いわゆる決定論的思考が前提となっている（ヨセフス『ユダヤ戦記 I』285 頁をも参照）。これは、神がすべてを決定し、それが終末において実現するという歴史認識である。ここにはいわゆる頽落史観がある。つまり、歴史は年老いていき、最後は破局的滅亡に至る、という歴史観である（エズ・ラ 5:55）。このような歴史認識に対して、コヘレトは「昔が今よりよかったと問うてはならない」（10 節）また「人は終末を見極められない」（14 節）という仕方で黙示批判を語っているのである。15–22 節は、黙示的集団は義でありすぎるゆえに滅亡に向かうというコヘレトの黙示批判であって、1–14 節に連続している。この黙示集団は、神殿祭儀が汚されているという理由で、祭儀共同体を離脱した。これをコヘレトは「義ゆえに滅びる義人がおり」（15 節）と表現し、義が多すぎるゆえに社会が破壊されることを憂えているのである。敬虔な義人が神殿祭儀を止めるなら、イスラエルでは宗教的にも社会的にも非難される悪人となる。知者であるはずの義人が「愚者」となる。つまり義人が悪人となり、知者が愚者になるという逆転が生じる。このような社会的背景において 1–22 節のコヘレトの言述が説明できる。コヘレトがただ単に伝統的な知恵を批判し、その背後に行為・帰趨・連関の崩壊があると説明するだけではこの箇所を表面的にしか解明したことにならない。

7:23–29は支離滅裂な内容に見えるが、コヘレトは特異な謎解きを行っている。謎解きは本来、箴言では知者が探求すべき使命である（1:2–6）。同時にまた謎解きは、黙示文学であるダニエル書に顕著に見られる。典型的には、5章のメネ・メネ・テケル・パルシンの解釈がそうで、宮殿の壁に現れた謎の文字をダニエルは見事に解き明かす。その際の謎解きは、暗号的言語が黙示的解釈によって、王国滅亡という終末を知らせる啓示となる。「メネ」という語から「数える」という動詞の意味を引き出して、それを「神はあなたの治世を数えた」と終末論的に解釈し、新たな啓示として極めて恣意的に提示されるのである。メネ、テケル、パルシンは貨幣／重量単位を示す語だが、語呂合わせ（言葉遊び）によって、その暗号的言語の終末論的な解釈がされるわけである。このような啓示的解釈がダニエル書に見られる謎解きである

コヘレトはこの黙示的な終末論的謎解きを批判するため、知恵的な方法で謎解きをやってみせるのである。このような同一言語の意味の二重性による謎解きは旧約では伝統的な知恵的解釈方法である。というのも、士師記14章にサムソンの謎解きがあるが、サムソンはまず謎かけ歌を歌って謎かけをする。すなわち、「食べる者から食べ物が出た。強いものから甘いものが出た」。それに対して謎解き歌が歌われて、次のように謎が解き明かされる。「蜂蜜より甘いものは何か。獅子より強いものは何か」。そこでは、アリーという語は「獅子」と同時におそらく「蜂蜜」をも意味するゆえに（古代オリエントの言語的認識において）、サムソン物語では暗号的言語として機能していることが浮かび上がってくる。コヘレトもこれとまったく同じ仕方で謎解きをするのである。

「死よりも苦い女。女は罠、その心は網、その手は枷。神の前に良しとされた者が女から免れる。罪人は女に捕えられる」（26節）はいわゆる謎かけ歌である。それに対する謎解き歌は「千人の中に一人の男をわたしは見出したが、これらすべての中に女を見出さなかった」（28節）である。ここでは「女」が暗号的言語として機能する。つまり、男がその虜になり逃れられない「女」は戦争の隠語なのである。引き出されている解答は、「戦争から解放されることはない」ということだと説明できる（8:8）。なぜならば、ここにおける「罠」、「網」、「枷」、「千人」はいずれも軍事的用

語だからである。このように考えると、コヘレトが女性を蔑視し、女性を嫌っている、という見方はまったく当たらない。コヘレトはあくまで黙示的な謎解きを批判するために、このような特異な議論（なぞなぞ）をしているのである。コヘレトは死すべき人間の運命から目をそらさない。戦争から逃れられない現実を見つめている。その意味でコヘレトはリアリストである。つまり、黙示の謎解きは終末論的啓示的であるのに対し、コヘレトは現実的倫理的である。実に巧妙な仕方でコヘレトは謎解きをし、黙示批判を展開している。

8:1–8は、コヘレトによる黙示的解釈批判である。コヘレトはペーシェルという黙示的概念を知り、それを否定している。ペーシェル、「解釈」は旧約聖書ではここにしか出てこないヘブライ語だが、ダニエル書のアラム語部分（2:4後半–7:28。これ以外はヘブライ語で書かれている）にペシャルというアラム語で頻出する。子音字では同一の語である。ダニエル書では言葉の「解釈」において、いわゆる終末論的な解釈をし、その言葉から新たな啓示を引き出す。先に指摘したメネ・メネ・テケル・パルシンがまさしくそうであって、「言葉の解釈」という導入語の後に、終末の予告が啓示として引き出されるのである（ダニ5:25）。メネ・メネ・テケル・パルシンという暗号的言語において、言葉遊び／語呂合わせという手段を用いて終末論的解釈が施されるのである。コヘレトはそれを認識している。「誰が言葉の解釈を知るか」（1節）がそれを証明する。コヘレトはさらに、7節で「何が起こるかを知る者は一人もいない」と表現する。これも実は、ダニエル書2章に見られる表現である。そこでは「何が起こるかを知る」が黙示的表現であって、知者ダニエルは言葉の解釈によって将来何が起こるかを知らせるのである。ダニエルによって幻や夢や言葉が次々に解き明かされるが、コヘレトはそれを徹底的に否定しているのである。7節の「何が起こるかを知る者は一人もいない」がまさしく黙示批判の表現である。コヘレトは、1節の「誰が言葉の解釈を知るか」と7節の「何が起こるかを知る者は一人もいない」を段落の枠組みとして、「問い」に対する「答え」という形で、カテキズム的に黙示批判をしているのである。

いったいなぜ、そのような黙示批判をコヘレトはするのだろうか。それは、ペーシェル解釈がイスラエルの伝統的な知恵的解釈を破壊し、それによって社会的な混乱が引き起こされているからではなかろうか。ペーシェル解釈によれば、もともとのテキストが手段として用いられ、そこから新たな啓示が引き出されることになる。つまり、テキストよりも、解釈された新たな啓示の方が優位性を持ち、テキスト自体の固有性が意味を失ってしまうのである。預言者のテキストについて言えば、ペーシェル解釈によれば、解釈者の方が預言者よりも預言の言葉の意味をよく知っている、という逆転が生じる。それは、テキストの意味性を破壊する解釈である。ダニエル書9章でダニエルはエレミヤの預言「70年」を解釈しようとするが、それは、終末の到来が現在において実現していることを読み解こうとする試みであることは明らかである。つまり、預言したエレミヤ自身よりも解釈者ダニエルの方がその預言の意味をよく悟り、ダニエルの現実の中にエレミヤ預言をねじ伏せるという倒錯がそこに生じる。少なくともコヘレトはそのように認識していると考えられる。クムラン文書のいわゆるペーシェル注解（ペシャリーム、とりわけ「ハバクク書注解」）にもそれははっきりと見られる。しかし、もし、このような終末論的解釈がまかり通るならば、ノストラダムスの大予言に懸念されるように、結果として社会的混乱を引き起こすに違いない。実際、オウム真理教はハルマゲドン戦争の到来を予告して、社会不安を煽った。黙示的／終末論的な解釈は、後に初期キリスト教がそれを批判的に継承したとはいえ、伝統的な社会認識を破壊する危険を孕んでいる。それに対して、コヘレトは言葉の解釈において終末論的解釈を退け、その言葉からむしろ現実的／倫理的な意味を引き出し、現実を引き受けて社会を担う生き方を選び取ろうとしている。コヘレトは黙示的終末預言が迷い込む不幸に気づいているのである。そこに、コヘレトの黙示批判の動機があるのではなかろうか。

4–8章において、コヘレトは一貫して黙示批判を展開している。この部分はコヘレト書全体の中心部分として理解される。締め括りの8:17において「太陽の下で行われる業を人は見極められない」とコヘレトは語る。神の御業を隠された奥義とし、それを不可知とするのがコヘレトの考え方である。黙示思想はそれとは対照的に、終末の到来に至る神の御業を啓示によってつぶさに認識しうると見なす。黙示にはそのような本質がある。これについて、大貫隆の説明は的を射ている。

「黙示文学の終末論は未来を文字通り『未知の時』、未決定の瞬間として残しておくことに耐え得ないのである。そのために未来を既知化すればするほど、今度は『今』がますます途上の時となって空疎化し、『今ここで』の主体は不断の不充実に苦しむ他はない。加えて、どのような終末予言も全面的に的中することはあり得ないから、『時の計算』を不断に『改訂』する必要に迫られる。そこには人間の手による恣意的な解釈と計算を神意によるものと言い張ってゆく誘惑が口を広げている。あるいは、神が操作可能なものとなり始めると言ってもよい。そもそも黙示文学者が普遍史全体を鳥瞰して、神の歴史支配の法則を『読解』できるのだと考えるとき、彼は構造的には神の位置に身を置いているのである。」（大貫隆 1999:124）

大貫が述べる通り、黙示思想は神を操作可能とし、神の位置に身を置く危険を孕んでいるのではないだろうか。それはオウム真理教の誤りとも似ている。その意味において、コヘレトが黙示批判を展開することには重要な意味がある。神の御業を知りえないからこそ、人は自由を得、またその自由に対して自らの責任が求められるのである。これは、マタイ福音書24:45–51において、忠実な僕が主人の帰りの時を正確には知らずともきちんと責任を果たす生き方に繋がっている。キリスト教は黙示思想を弁証法的に継承したのである。

死の宿命（9:1–6）

【翻訳】

死の宿命

9 章

1 わたしはこれらすべてを心に留めて、これらすべてを吟味した[a]。
義人も知者も、彼らの業は神の手の中にある。
愛にせよ憎しみにせよ、彼らの前にあるすべてのことを人は知らない。
2 すべてのこと[b]はすべての人にとって同じであって、
一つの運命が義人にも悪人にも、善人にも、
清い人にも不浄な人にも、供犠を捧げる人にも捧げない人にも臨む。
善人と同様に罪人にも、誓いをする人と同様に誓いを恐れる人にも。
3 太陽の下で行われるすべてにおいて、悪しきことはこれである。
そうだ、一つの運命がすべての人に臨む。
生きている間に、人の子らの心にも悪が満ち、彼らの心に狂気がある。
そして、その後は死者のもとへ行く。
4 そうだ、誰でもすべて生きる者として選ばれて[c]いれば希望がある。
そうだ、生きている犬の方が死んだ獅子より幸いである。
5 なぜなら、生きている者は自分が死ぬことを知っているからである。
けれども、死者は何一つ知らず、彼らにはもはや報酬がない。
そうだ、彼らの記憶は忘れ去られる。
6 彼らの愛も憎しみも、彼らの妬みすらもすでに消え去った。
太陽の下で行われるすべてにおいて、彼らにもはや永遠に分け前はない。

a: BHS 参照。

b: 七十人訳、ウルガタはハッコルをヘベル「束の間」と読んでいる。

c: ケティーヴによる。ケレーは「数えられて」（新共同訳）。

【形態／構造／背景】

9:1–6 はコヘレト書全体の構造において 3:18–22a と対応し、「死の宿命」という主題について語る。「宿命／運命」ミクレーがこの段落の鍵語である。段落の初めにバーラル「吟味する」という動詞が用いられ（1 節）、終わりにヘーレク「分け前」という名詞が用いられる（6 節）。これらの要素は 3:18–22a の段落もまったく同じであって、コヘレトは両者の段落の対応関係を意識している。3:22b から 8:17 というコヘレト書の中心部分を囲い込む枠組みとして機能しているのである。

【注解】

1 節　「**吟味する**」ブールは 3:18 と同じ語根バーラルから派生した単語である。ただし、BDB はこれをハパックスと見て「明確にする、説明する」と訳す（西村俊昭も同様）。3:18–22a では人間と動物が同一であることが吟味されたが、この段落では善人と悪人が同一であることが吟味される。「**彼らの業は神の手の中にある**」は、すべてを神が支配しておられるということ。「**愛にせよ憎しみにせよ、彼らの前にあるすべてのことを人は知らない**」とは、愛も憎しみも人間には予測不可能という意味である。

2 節　「**一つの運命が義人にも悪人にも……臨む**」とは、誰にでも死がやって来るという意味である。これは、3:19 と内容的に対応する。「運命」ミクレーは 3:18–22a で繰り返し用いられた。「**供犠を捧げる人にも捧げない人にも臨む**」は、神殿祭儀を捧げる人とそれを捧げない人を並置するが、これは神殿祭儀を拒否した黙示集団が念頭に置かれている。「**誓いをする人**」「**誓いを恐れる人**」は 5:3–4 と繋がる。ヨセフスによれば、「エッセネびとは誓いをすることを避け、それを偽証よりも悪いものだと見なしている」（『ユダヤ戦記 I』279 頁）。誓いをする者もしない者も同じように死ぬべき宿命を有する、という表現において、コヘレトの皮肉が述べられている。

3 節　「**一つの運命がすべての人に臨む**」はこの段落での結論を提示する。「一つの運命」とは言うまでもなく、死である。これは、3:20「すべては同じ場所に行く。すべては塵から成り、すべては塵に帰る」と同一の意味である。「**彼らの心に狂気がある**」とは強烈な表現だが、「狂気」ホレロートは 7:25 などでは「愚行」シクルートと共に二語一意の表現であり、シクルートは黙示思想を指すパロディー的表現として理解される（1:17 注解参照）。「**その後は死者のもとへ行く**」は復活を否定する意味を含む。

4節 コヘレトは生きていることに希望を見る。私訳の「**選ばれて**」エブーハル（語根バハルのプアル形）はケティーヴの読みを採用したものである。ケレーでは、子音字が入れ替わり、エフーバルとなるが、それは「関連づけられる」（語根ハバルのプアル形）の意味となる。「**生きている犬の方が死んだ獅子より幸いである**」はコヘレト書の中で有名な言葉で、ニヒリストの歪んだ皮肉表現と読まれることがある。旧約聖書では、犬は汚れた動物であり（王上 21:24）、獅子は誇り高い動物である（箴 30:30）。「死んだ獅子」は士師記 14 章のサムソン物語の一節を示唆していると説明できる（これは 7:23–29 にも当てはまる）。サムソンは「死んだ獅子」をめぐって謎かけをし、しかもサムソン自身はナジル人であるにもかかわらず、破天荒な人生を送った。そのサムソンの生き方について、コヘレトはここで好意的なコメントを提示しているのかもしれない。コヘレトによれば、生きている者にこそ希望があるのであり、死んだ者には希望はない。ここでは復活への希望がきっぱりと否定されている。この「生きている犬の方が……幸いである」という言葉において、コヘレトが自殺願望を有しているという誤った理解は正されねばならない。

5節 「**なぜなら、生きている者は自分が死ぬことを知っているからである**」は、死を知るからこそ、生きていることに意味を見出せるということである。死を知ることによって生は輝くということがほのめかされる。死者は何ひとつ知らず、報いを受けることもないからである。コヘレトが繰り返し死を語るのは、それによって生の有意味性が逆照射されるからにほかならない。これはコヘレト独自の思想である。「**報酬**」サカルと「**記憶**」ザカルとはヘブライ語の語呂合わせである。

6節 「**愛も憎しみも、彼らの妬みすらもすでに消え去った**」は、死において何もかも存在しなくなるということ。死者には「**分け前**」ヘーレクはないのである。

【解説／考察】

コヘレトは生きていることにこそ意味があると声高に語る。これは、死後の復活を希望し、死を最終的到達と見ない黙示思想に対するコヘレトの批判を意味する。復活思想は伝統的な知恵の思想にはなかったものである。コヘレトはその知恵の思考に従っている。コヘレトは復活によって死を相対化しようとはしない。あくまで死を終わりとし、死から逆算された生を肯定する。生きていることを意味あることとする生き方は、死を直視することによって可能となる。これはメメント・モリ（死を覚えよ）と言ってよく、逆説的な真理である。死と隣り合わせであり、死と表裏一体で繋がっているからこそ、人間の生は意味のあるものとなるのである。

東日本大震災で多くの日本人はメメント・モリを実感した。死と向き合う時に、生は輝きを増す。生きてさえいれば希望はある。死は、生きよと呼びかける。パウロはこの生き方を、キリストの到来を待つ終末論的生き方としてこのように書き記している。「主において常に喜びなさい。重ねて言います。喜びなさい。……主はすぐ近くにおられます。どんなことでも、思い煩うのはやめなさい」（フィリ 4:4–6）。

対話（9:7–10）

【翻訳】

対話

9 章

7 さあ、あなたのパンを喜んで食べよ。
あなたの葡萄酒を心地よく飲め。
そうだ、神はあなたの業をすでに受け入れた。
8 いつでもあなたの衣を純白にせよ。
あなたの頭には油を絶やさないように。

9 あなたの束の間の人生すべての日々、愛する妻と共に人生を見よ。
それは、あなたの束の間の日々のすべてに、太陽の下で彼（神）があなたに与えたものである。
そうだ、それは人生において、太陽の下で労苦するあなたの労苦において、あなたの分け前なのだ。
10 あなたの手が見出すすべてについて、あなたは力を尽くして行え。
そうだ、あなたが行こうとしている陰府には、業も戦略もなければ、知識も知恵もない。

【形態／構造／背景】

この段落は、特徴的なことに、コヘレトが生徒に語りかけるようにもっぱら命令形で表現される。コヘレトは対話をしているのである。対話を特徴とするこの部分は、コヘレト書全体の構成において、1:12–2:26（D）の「独白」の部分に対応している。

1:12–2:26ではコヘレトはもっぱら一人称で、ソロモン的虚構において独り言を語った。そこでは、「満たされない王」というモチーフが一貫しており、内向きであった。それに対して、この9:7–10（D'）では「対話」として積極的に、外に向かって語られている。「独白」と「対話」では対照的だが、コヘレト書は前半部から後半部にかけて文体的にも内容的にも変化が生じ、このように陰から陽へ、内向きから外向きへという文学的展開が見られる。コヘレト書後半部において9:7–10（D'）はさらに11:7–12:2a（D''）とも対応している。

人生についての肯定的な言述は、その背景にあるものが想定される。ギルガメシュ叙事詩の中にこれに似たものがある。

「ギルガメシュよ、あなたはあなたの腹を満たしなさい。昼も夜もあなたは楽しむがよい。日ごとに饗宴を開きなさい。あなたの衣服をきれいになさい。あなたの頭（こうべ）を洗い、水を浴びなさい。あなたの手につかまる子供たちをかわいがり、あなたの胸に抱かれた妻を喜ばせなさい。それが〔人間の〕なすべきことだからです。」（『ギルガメシュ叙事詩』第10の書版3:6–14）

この古代オリエント文学の記述には確かにコヘレト書に類似した思想が見られるが、直接に引用されているわけではない。コヘレトはむしろダニエル書に見られる終末論的禁欲（アスケーゼ）を問題としていると考えられる。「そのころわたしダニエルは、三週間にわたる嘆きの祈りをしていた。その三週間は、一切の美食を遠ざけ、肉も酒も口にせず、体には香油も塗らなかった」（ダニ 10:2–3）。神の啓示を受けるためにダニエルは禁欲的な行為を示す。このようなアスケーゼは、ダニエル書の著者と結びつくエッセネ派集団に見られる特徴的行為であった。ヨセフスによれば、「彼らは快楽を悪として退け、自制することと情欲に溺れないことを徳と見なしている」（『ユダヤ戦記Ⅰ』276 頁）。

【注解】

7節 「**さあ、あなたのパンを喜んで食べよ。あなたの葡萄酒を心地よく飲め**」はコヘレトの飲み食い賛美の表現である（2:24; 8:15）。これはダニエルが「一切の美食を遠ざけ、肉も酒も口にせず」（ダニ 10:3）という記述を逆転させた表現である。「**神はあなたの業をすでに受け入れた**」は、神が人生を肯定していることを意味する。「受け入れた」（ラーツァー）はコヘレト書ではここのみ。

8節 「**いつでもあなたの衣を純白にせよ**」は、喜びを表す表現である。「いつでも」という言葉において、人生がすべて肯定されている。「**あなたの頭には油を絶やさないように**」も同様の意味。「頭には油を絶やさない」において、ダニエル書の「体には香油も塗らなかった」（10:3）を逆転させている。

9節 「**愛する妻と共に人生を見よ**」は妻との共生を勧める表現である。「人生を見よ」とは「人生を楽しめ」という意味である。コヘレトにとって妻は人生のパートナーである。コヘレトは愛する妻との共生を神から与えられた「**分け前**」へーレクと見ている。コヘレトが女性を快楽の対象としてしか見ないという判断は当たらない。これとは対照的に、妻と暮らすことを初期クムラン宗団は基本的に退けたということが知られている。

10節 「あなたの手が見出すすべてについて、あなたは力を尽くして行え」は、人生を全面的に肯定し、なしうることを精一杯やって生きよという命令である。「手が見出す」とは奇妙な表現だが、「見出す」（マーツァー）は「出会う」「届く」という意味。「**陰府**」シェオールは、コヘレト書ではここだけに出てくる。死を指している。その陰府には「**業も戦略もなければ、知識も知恵もない**」とは、死には何も生産的な意義はないということ。これは死の恐怖と絶望を掻き立てているのではなく、むしろ死すべき運命だからこそ全力で生きよという勧めである。「**戦略**」ヘシュボーンは 7:25「戦略」と同じ語で、ここでは「企て」とも訳せる（新共同訳）。

【解説／考察】

この段落は、人生を喜び、楽しむコヘレトの思想をはっきりと示す。ヘレニズム世界で広く知られたカルペ・ディエムの思想に繋がるものだが、コヘレトはむしろ禁欲主義への批判としてこれを提示している。禁欲主義は、コヘレトの同時代に存在した黙示的集団の特徴である。「彼ら［エッセネ派］は快楽を悪として退け、自制することと情欲に溺れないことを徳と見なしている」（『ユダヤ戦記Ⅰ』276頁）。彼らが快楽を退け、結婚を悪とする生き方に対して、コヘレトは人生を楽しむことを勧める。歴史が終末に向かっているとの認識は、終末の向こうにある彼岸的世界に真の価値を置き、此岸的世界をひたすら忍耐すべき「仮の宿」と蔑む傾向がある。このような終末的世界観は、快楽を拒否する禁欲主義を促す。ダニエル書においてダニエルが神の啓示を受けるに際して禁欲的態度を取っていることもそれを示す（10章）。コヘレトはそれを逆手にとって、反禁欲主義をここで主張している。これもまた黙示批判である。旧約では基本的に禁欲的な生き方は要求されない。コヘレトもそれを認識している。コヘレトは生を全面肯定しているのであって、快楽主義を謳っているのではない。コヘレト書ではコヘレトが女性を敵視していると誤解されがちだが、そのような考え方はここにはまったくない。女性を人生のパートナーとし、愛する妻と共に人生を見つめ、人生を楽しむことがコヘレトの態度である。

決定と不可知――時と偶然（9:11–12）

【翻訳】

時

9 章

11 太陽の下、わたしは振り返って見た。
足の速い者のために競走があるのではなく、
勇士のために戦いがあるのではない。
知者のためにパンがあるのではなく、
賢明な者のために富があるのではない。
また、識者のために恵みがあるのではない。
そうだ、時と偶然は彼らすべてに臨む。
12 なぜなら、人は自分の時さえ知らないからである。
魚が悪しき網にかかるように、また鳥が罠にかかるように、
突然に襲いかかる悪しき時に、人の子らもまた捕えられる。

【形態／構造／背景】

この短い段落は「時」を主題とし、コヘレト書全体の構造において3:1–17（E）の段落に対応する。3:1–17は「時の詩文」であるが、そこでの主題がこの9:11–12（E'）と一致する。この段落はさらに、11:1–6（E"）とも対応している。E, E', E" はいずれも内容的には「決定論と不可知論」を説いている。すなわち、神は時を定めておられるが、人間はそれを知りえないという論理である。このアンビバレントな思想的テーマをコヘレトは繰り返しながら、コヘレト書の議論を展開している。この背景にあるのは、3:1–17ですでに指摘したように、黙示思想への批判である。

【注解】

11節 「足の速い者のために競走があるのではなく」とは、競技や競走

が背景にあるようだ。紀元前175年直後、アンティオコスⅣ世エピファネスが任命した大祭司ヤソンによってエルサレムに競技場（錬成場）が建設されたことが知られている（Ⅰマカ1:14; Ⅱマカ4:12)。競走ならば、足の速い者が勝利するはずである。けれども、必ずしもそうではないとコヘレトは考える。「**勇士のために戦いがあるのではない**」も同じ意味である。これは戦争よりも剣闘を示唆する。これについて、多くの注解書ではいわゆる行為・帰趨・連関の崩壊という知恵文学の類型的な説明がなされる（フォン・ラート)。伝統的な知恵が現実とは適合しなくなったゆえに、コヘレトは新しい知恵を探求していると解説されるのである。けれども、それだけなら、コヘレトの意図をきちんと解明したことにはならない。「**そうだ、時と偶然は彼らすべてに臨む**」においては、突然起こることが強調されている。「偶然」ペガアは、コヘレト書ではここだけに出てくる。旧約では災難や不幸をも意味する（王上5:18)。ここには決定論的思考に対するコヘレトの批判が現れる。決定論的思考は黙示思想に特徴的なもので、これが否定されている。

12節　「**人は自分の時さえ知らないからである**」は、神の決定は人間には知りえない、というコヘレトの決定論批判として理解される。「自分の時」において、自らの死がほのめかされている。しかし、その時は人にはとうてい知りえないのである。「**魚が悪しき網にかかる**」「**鳥が罠にかかる**」は、前節の走者と勇士の例と同じ意味になる。すなわち、偶然が支配するということである。「網」メツォーダーは単数形。複数形は7:26; 9:14に出てくる。

【解説／考察】

コヘレトは3:1–17において、神は時を定めておられるが、人はそれを摑むことはできない、という論理を展開した。コヘレトはそれと同じ論理をこの段落でも示す。ここでは偶然という機会について語られる。その偶然を人はどうすることもできない。人間には、自分の時を認識することすらできないのである。これは決定論批判であって、コヘレトは3:1–17に続いて、ここでもそれを示す。決定論とは、神がすべてを決定していて、その通りに事が進むという認識であり、ダニエル書の黙示思想に特徴的に見られる。ダニエル書では歴史の終末が定まり、すべては定まった通りになる。ちなみにヨセフスはこう述べている。「エッセネびとの中には、これから起こることを予め知ることができると公言する者たちがいる」（『ユダヤ戦記Ⅰ』285頁）。それに対して、コヘレトは「人は自分の時さえ知らない」と皮肉っぽく語る。コヘレトは決定論を決して受け入れない。時を知らないとは、懐疑的で、ねじれているかに見える。けれども、むしろ時を知らないがゆえに人間は自由と責任を有するのである。予め時を知っていれば、人間は努力することもなくなり、諦めた無責任な生き方になるであろう。それは主体的な歴史形成をなし崩しにする。「[決定論によって]人間はその時々に運命という形で出会う歴史に対して常に冷ややかにかつ無感動に自分を順応させるほかないであろう」（Schmithals 1973〔邦訳38頁〕）。ここに、黙示的決定論への反論としてコヘレトの倫理観がほのかに見えてくる。その意味で、ここでのコヘレトの言述は否定的に評価されるべきではない。「その日、その時は、だれも知らない。天使たちも子も知らない。ただ、父だけがご存じである」（マタ24:36）。福音書によれば、人の子は思いがけない時に来るゆえに、目を覚まし忠実に務めを果たさなければならない。それはコヘレトが勧める生き方に重なる。

時代への発言（9:13–10:20）

【翻訳】

時代への発言

9章

13 これもまた太陽の下でわたしが見た知恵であって、それはわたしにとって重
大であった。
14 小さな町があって、僅かの住民がいた。そこに大王が侵攻して、町を包囲
し、巨大な攻城堡塁を築いた。

[15] その町に貧しく知恵のある男が現れ、その知恵によって町を救った。けれども、人はその貧しい男を記憶することがなかった。
[16] そこで、わたしは言った。知恵は武力に優るが、貧しい男の知恵は侮られ、彼の言葉は聞かれることはなかった。
[17] 静けさの中で聞かれる知者の言葉は、愚者の中での支配者の叫びに優る。
[18] 知恵は武器に優る。けれども、一つの過ちが多くの幸いを破壊する。

10 章

[1] 死んだ蠅は香料作りの油を臭くし、腐らせる。僅かな愚かさは知恵や栄光よりも重い。
[2] 知者の心は右に、愚者の心は左に。
[3] 愚者は行く道でも思慮に欠ける。彼は誰にでも自分が愚者だと伝える。
[4] もしあなたに対して支配者が憤っても[a]、あなたの場所を離れてはならない。冷静さが大きな罪を取り消す。
[5] 太陽の下に不幸があるのをわたしは見た。それは、権威者に由来する誤りのようなものである。
[6] 愚者が甚だしく高められ、富者が低い地位に座している。
[7] わたしは、奴隷が馬に乗り、君侯が奴隷のように地を歩くのを見た。
[8] 穴を掘る者はそこに落ち、石垣を崩す者を蛇が嚙む。
[9] 石を切り出す者はそれで傷つき、木を割く者はそれで危険な目に遭う。
[10] もしなまった斧[b]の刃を研いでおかなければ、力を要する。知恵は益があって成功をもたらす。
[11] もし呪文がないのに蛇が嚙みつけば、呪文を唱える者[c]に益はない。
[12] 知者の口から出る言葉は恵み、愚者の唇は自らを滅ぼす。
[13] 彼の口から出る言葉の初めは愚かさ、その口の終わりは悪しき狂気。
[14] 愚者は言葉を多くするが、何が起こるかを人は知らない。その後どうなるかを誰が告げることができようか。
[15] 愚者の労苦は身を疲れさせる。彼は町に行くことを知らない。
[16] 「あなたの王が若者で、君侯たちが朝から食している地[d]よ、あなたは災いである。
[17] あなたの王が高貴な生まれで、君侯たちが力を有し、飲むためではなく、

ふさわしい時に食する地[e]よ、あなたは幸いである。」
[18] 怠惰によって屋根は落ち、手を抜くと家は雨漏りする。
[19] 食事を作るのは笑うため、葡萄酒は人生を楽しませる。また銀はすべてに
応えてくれる。
[20] 心の中ですら王を呪ってはならない。寝室で富者を呪ってはならない。そう
だ、空の鳥がその声を運び、翼の主人がその言葉を告知する。

a: 直訳は「支配者の息」。

b: 直訳は「鉄」。

c: 直訳は「舌の所有者」。

d: あるいは「国」。

e: 同上。

【形態／構造／背景】

この段落は、9:11–12 と 11:1–6 に囲まれた部分であり、コヘレトの〈時代への発言〉を記している。ここはコヘレト書後半部分の中心と見ることもできる（緒論参照）。コヘレト書は全体として 3:22b–8:17 を中心とした集中構造を示すが、これ以降の後半部分にはまた小さな集中構造があって、いわば入れ子構造のような形になっている。この 9:13–10:20 には、3:22b–8:17 がそうであったように、社会批判と読み取れる同時代への発言が含まれ、これはまた雑多な格言の集まりのような形態となっている。内容的には、9:13–18; 10:1–7, 8–11, 12–15, 16–20 に区分できる。10:16–20 において、16–17 節の部分はおそらくコヘレトの引用ではないかと考えられる。

最初の段落 9:13–18 の背景には、すでに指摘したように、コヘレトと同時代の社会状況があると思われる。ある町に大王が侵攻して町を包囲し、攻城要塞を築いたという 9:14 以下の記述は、ヨナタンが大祭司に就任する前にセレウコスの将軍バキデスの侵攻に立ち向かったマカバイ記一 9 章の記述に極めてよく似ている。それは以下の記述である。

「ヨナタンとシモン、その部下たちは荒れ野にあるベトバシに退き、そこにある破壊された砦を再建し、強化した。バキデスはそれを知り、全軍

を召集し、ユダヤ出身の兵士たちに命令を下した。彼らは出て行って、ベトバシに向けて陣を敷き、幾日にもわたってそこに攻撃を仕掛け、攻城機［攻城堡塁］を組み立てた。ヨナタンは兄弟シモンをその町に残して、少数の兵と共に町の外へ抜け出した。（中略）ヨナタンたちは攻撃を始め、またその軍勢と共にベトバシへ上って行った。一方シモンとその部下たちも、町から出撃し、敵の攻城機［攻城堡塁］に火を放った。彼らはバキデスを攻撃し、バキデスは大きな打撃を受けた。策略も攻略も水泡に帰して、完全に挫折してしまった。」（9:62–68）

直接にこの出来事と同定することはできないが、内容は極めてよく似ている。おそらくこのような軍事的なエピソードが背景にあってコヘレトが発言していると考えられる。紀元前 160–152 年は、ヨナタンが軍事的指導者として民衆の期待を集め、次第にユダヤで政治的な実権を握っていく時代であって、ユダヤ社会はセレウコス支配と民族支配との軋轢によって混迷していた。この時代はまた、初期クムラン宗団がヨナタンを受け入れず、祭儀共同体から離反していく時期でもあった。

【注解】

13 節　「**これもまた太陽の下でわたしが見た知恵であって**」は、コヘレトが目撃した知恵の実例を示す。「**それはわたしにとって重大であった**」は、コヘレト自身が特別な関心を有しているということであり、次の 14 節以下の出来事を指している。

14 節　「**大王**」とはセレウコス王を指している。「**攻城堡塁**」メツォーディーム（複数形）は「砦」とも訳せる。町を攻略するために、町を包囲して、侵攻の突破口とするために築かれる大がかりな攻撃用建造物である。7:26 にはこれと同じ語があり、「罠」と訳される。また、9:12 には同じ語が単数形で現れ、「網」と訳される。「罠」も「網」も武器というニュアンスではないが、この 14 節は明らかに戦場で組み立てられる攻城堡塁である。ちなみに、7:29 に出てくるヒシュボーノート「策略」は歴代誌下 26:15 では「攻城堡塁」を意味する。

15 節　「**貧しく知恵のある男**」は知恵文学特有の範例であって、具体的な人物を指すのではない、と説明されることが多い。けれども、すでに指摘した通り（4:13 注解参照）、コヘレトと同時代の英雄的指導者ヨナタンかシモンを指すと思われる。彼が、知恵を働かせて、大王の攻略を見事に打ち砕き、町を救済した（7:19 注解参照）。けれども、そのことは記憶されないのである。

16 節 「**知恵は武力に優るが、貧しい男の知恵は侮られ、彼の言葉は聞かれることはなかった**」は、大軍の攻略を見事に打ち破った「貧しい男」の才覚に対する称賛を示す。

17 節 「**静けさの中で聞かれる知者の言葉**」は「知者の言葉は静かに聞かれる」とも訳せる。「**愚者の中での支配者の叫び**」とは、町を攻略しようとした「大王」を指すのだろうか。コヘレトは、知恵によって町を救った男を支持する発言をしている。

18 節 町を救った男の知恵が称賛されている。「**武器**」とは戦争用の武具を指すが、知恵はそれに優る。節の後半は唐突だが、コヘレトによるコメントを示す。「**一つの過ち**」は「一人の罪人」とも訳せる。それが「**多くの幸いを破壊する**」ということは意味がはっきりしないが、文脈から考えると、町を救った知者を忘れることは不幸だ、ということだろう。コヘレトはこの知恵ある軍事的指導者に対して恭順を示している。

10 章 1 節 この格言は同義的並行法で表現される。「**死んだ蠅は香料作りの油を臭くし**」は、たった一匹の死んだ蠅が混入するだけで香油が台無しになるという意味。「**僅かな愚かさは知恵や栄光よりも重い**」は、死んだ蠅の格言と同じ意味である。「愚かさ」シクルートは 1:17; 2:3, 12–13; 7:25 を参照。「重い」ヤーカルは「貴重な」また「価値がある」とも訳せるが、ここでは否定的なニュアンスがある。このヤーカルは、ダニエル書 2:11 のアラム語では「難しい」という意味で、これに近い。この 10:1 は前節 9:18 の「一つの過ちが多くの幸いを破壊する」と連続している。したがって、知恵によって町を救済した軍事的指導者（ヨナタン／シモン）を拒否する過ちが「愚かさ」と言い換えられ、香油を台無しにする「死んだ蠅」に喩えられていると説明できる。

2 節 「**知者の心は右に、愚者の心は左に**」では、右と左が対照的に表現され、右は幸運を、左は不運を示唆する（創 48:13）。

3節　**「彼は誰にでも自分が愚者だと伝える」**は奇妙な表現である。コヘレトは「愚者」を批判し、揶揄している。この「愚者」サカルは1節の「愚かさ」シクルート（語根サカル）と同一の意味だとすれば、これはダニエル書のマスキーリーム、すなわち、黙示的集団を暗示させる（ダニ 1:4; 11:33; 12:3。本注解の緒論および 1:17 注解参照）。この愚者たちが自分を「愚者だ」と伝える、ということは強烈な皮肉である。というのも、彼ら（愚者たち）は知者（マスキーリームは「賢い」という意味）だからである。コヘレトは、ここでは黙示的集団の祭儀共同体離脱という社会的／宗教的に愚かな態度を揶揄しているのである。

4節　**「もしあなたに対して支配者が憤っても、あなたの場所を離れてはならない」**は、8:2–3 に似た意味だが、ここでは「王」ではなく「支配者」モーシェルである。それは、本書の時代背景からすれば、大祭司となったヨナタンを指すと推測できる。コヘレトは場所の移動を禁じる。**「冷静さが大きな罪を取り消す」**は、移動せずに冷静に対処せよ、という勧めである。「場所」がエルサレムを指すとすれば、本節は、黙示的集団のエルサレム祭儀共同体からの離反をコヘレトが牽制する表現だと考えられる。

5節　**「権威者」**シャリートは、4節の「支配者」モーシェルと別の語である。**「権威者に由来する誤りのようなもの」**は、6節以下を指している。

6節　**「愚者が甚だしく高められ」**と**「富者が低い地位に座している」**は対立的並行法で表現されている。極めて混乱した社会現象を示している。これは次の節と繋がる。

7節　**「奴隷が馬に乗り、君侯が奴隷のように地を歩く」**は前節と同様に、転倒した社会現象を指す。コヘレトがこれを現実に見ているとすれば、ヨナタンが大祭司に就任して政権が転覆し、親セレウコス派から反セレウコス派に変わったことを指しているのだろうか。あるいは、愚者に象徴される黙示的集団が社会的に力を有し、旧来のユダヤ的支配層が力を失っている逆転状況を伝えているのだろうか。

8節　別の主題の格言が始まるが、内容的には前節と繋がっている。**「穴を掘る者はそこに落ち」**はまさしく墓穴を掘るという意味である。**「石垣を崩す者を蛇が噛む」**は、破壊的な行動をすれば、不幸な結果になるということ。イスラエルでは石垣の隙間に蛇が潜んで、知らずに噛まれることもある（アモ 5:19 参照）。

9 節 「**石を切り出す**」とは「石を取り除く」とも訳せる。「**それで傷つき**」「**危険な目に遭う**」は、不慮の事故を指す。行動を起こせば、それには必ずリスクが伴うということである。

10 節 「**斧の刃を研いでおかなければ、力を要する**」とは、きちんと準備をして対処しないと苦労するという格言である。

11 節 「**呪文がないのに**」は、蛇使いが呪文をかける前に、という意味。そういう場合に蛇が嚙みつけば、蛇使いはお手上げである。エレミヤ書 8:17 にこれと似た記述がある。また、出エジプト記 7:8–13 にも蛇を使う呪術者の記述が見られる。本節は前節と同様に、慎重に対処せよという意味の格言である。

12 節 知者と愚者が並置され、対立的並行法で表現される格言。「**愚者の唇は自らを滅ぼす**」は、「愚者の唇は彼を飲み込む」とも訳せる。知者の言葉は幸いをもたらすが、愚者の言葉は不幸をもたらすということ。ここでの「愚者」ケシールは 3 節の「愚者」サカルと同定できる。

13 節 「**愚かさ**」シクルートと「**狂気**」ホーレルート（＝ホーレロート）はコヘレト書では二語一意の表現である（1:17; 2:12; 7:25）。「**終わり**」アハリートは終末を揶揄する表現である（7:8 参照）。黙示的集団が終末到来について声高に叫ぶことをコヘレトは揶揄している。

14 節 「**何が起こるかを人は知らない**」は、コヘレト書では典型的な反黙示的な表現である（8:7）。また、「**その後どうなるかを誰が告げることができようか**」は復活を否定する表現である（3:22）。復活否定もまたコヘレトの黙示批判である。

15 節 「**彼は町に行くことを知らない**」は難解であるが、愚者が町に入らないという意味だとすれば、初期クムラン宗団のエルサレムからの退去をコヘレトが冷ややかに見ていることを示す。

16 節 この節は次の 17 節と並行している詩文である。おそらく、コヘレトの引用である。「**災いである**」は、17 節の「幸いである」と対照的な表現。「**あなたの王が若者で、君侯たちが朝から食している地**」とは、現在のユダヤ教団を指している可能性がある。「若者」ナアルは、「あまりに若すぎる」というニュアンスを含む（H. ヘルツベルク）。これが 4:13–15

の「若者」イェレドと同定されるとすれば、ヨナタン／シモンを指すと考えられる。反セレウコス闘争を指揮する民族的英雄ヨナタンは紀元前152年に大祭司となり、シモンはその後、王位に就いた。そのヨナタンの大祭司就任を批判したのは初期クムラン宗団であったゆえに、「あなたの王が若者で」と嘲る声はこの宗団であって、それが引用されているのではなかろうか（緒論参照）。

17節　「**あなたの王が高貴な生まれで、君侯たちが力を有し**」とは、王がふさわしい血筋の人間であって、支配基盤がしっかりしている、という意味であろう。そのような要求は、16節と同様に、ヨナタン／シモンの支配権を認めない初期クムラン宗団の声だと推測される。

18節　「**怠惰**」アツァルタイムはハパックス（旧約に一度しかない語）である。「**怠惰によって屋根は落ち、手を抜くと家は雨漏りする**」は、ヨナタンの大祭司就任によってセレウコス王朝から事実上、自治権を奪い取ったユダヤ教団に対する警告の表現だろうか。これが17節と関係していることを考えると、16–17節はやはりコヘレト自身の見解ではなく、クムラン宗団の見解であって、それをコヘレトが引用したのである。

19節　飲食を称える表現である。「**銀はすべてに応えてくれる**」とは、金銭が酒宴を可能にするということ。コヘレト書では飲食賛美は何度も繰り返される。

20節　「**心の中ですら王を呪ってはならない**」とは、決して王を呪ってはならない、というコヘレトの命令である（8:4–5参照）。16–17節の引用文に対するコヘレトの批判的結論である。「心の中で」とは、直訳すれば「あなたの知識において」ということ。「**翼の主人**」は比喩的な表現で、「空の鳥」と対応する意味がある。密かに王を呪っても、誰かの耳に入るという警告であろう。密告者やスパイのことを語っているのだろうか。マカバイ記一によれば、ヨナタンがセレウコス軍と抗争している時期にユダヤでは政治的／軍事的策略と悲惨があったことが知られている。「バキデスははかりごとを巡らした。バキデスは大軍を率いて出陣し、ひそかにユダヤ中の同盟軍に手紙を送り、ヨナタンとその部下たちを捕らえるよう、要請した。しかし彼らは失敗した。はかりごとが漏れてしまったからである。ヨナタンは、この悪行の首謀者たちのうち、土地の者五十人を捕らえ、彼らを殺した」（9:59–61）。このような混乱した史的背景からコヘレトの警告が語られていると考えられる。

【解説／考察】

この段落は、コヘレトが同時代の社会状況を鑑みて発言している。格言的表現が多く見られる。けれども、内容的にはこれまでと同様に、コヘレトの基本的な思想的見解が一貫して表明される。

貧しい知者が町を救済した後、「一つの過ちが多くの幸いを破壊する」（9:18）とコメントされるが、その後に続く格言は、物事に慎重に対処して社会に混乱をもたらすな、という内容である。これは、セレウコス王朝支配がマカバイの兄弟たちによる民族闘争によって次第に覆され、ユダヤにおいて政治的／社会的な混乱が続く中で、大祭司ヨナタンを新たな支配者として祭儀共同体が維持されることをコヘレトは期待し、発言しているのである。政治的な混乱を助長する要因の一つは、すでに何度も指摘しているが、敬虔な初期クムラン宗団が伝統的な規範を破壊する行動をとっていることである。彼らがヨナタンを容認しないことをコヘレトは厳しく批判している。コヘレトは思想的には黙示批判として反終末論を展開するが、同時にまた、極めて政治的な発言をしていることがわかる。この段落においてコヘレトは単なる知恵的な格言を並べているのではなく、これらはまさしく同時代への発言なのである。

コヘレトが政治的な発言を繰り返すことはすでに4章や5章にも見られた。コヘレトはユダヤにおける大祭司ヨナタンの支配権に対して従順である。新約ではパウロがローマ書13章において支配者への従順について語る。「今ある権威はすべて神によって立てられたものだから」というパウロの認識は、コヘレトが示す態度と似ている。けれども、このような政治的発言はそれ自体において慎重な判断が必要である。コヘレトはマカバイ戦争後の祭儀共同体の形成という観点から政治的に発言しているのであって、このような歴史的な文脈がある以上、支配者に従順であれとの発言には自ずと限界があると言わなければならない。政治的／社会的な発言と行動については慎重であれというコヘレトの警告は、G. オーウェルの小説『1984年』が描いているように、秘密保護法や共謀罪が現実となった今日の監視社会に対して発するメッセージではなかろうか。

決定と不可知（11:1–6）

【翻訳】

決定と不可知

11章

1 あなたのパンを水面に流せ。
多くの日が過ぎれば、それを見出すからである。
2 分け前を七つか八つに分けよ。
地にどのような不幸が起こるか、あなたは知らないからである。
3 雲が満ちれば、雨が地に降り注ぐ。
木が南に倒れても、北に倒れても、その倒れた場所に木は横たわる。
4 風[a]を見守る者は種を蒔けない。
雲を見る者は収穫できない。
5 あなたは妊婦の胎で骨ができるように、息[b]の道がどのようであるかを知らないのだから、すべてをなす神の業を知りえない。
6 朝にあなたの種を蒔け。夕にあなたの手を休めるな。
実を結ぶのはあれなのか、これなのか、あるいは、その両方なのか、あなたは知らないからである。

a: ルーアハ「風」は、「息」「霊」とも訳せる。

b: ルーアハ「息」は、「風」「霊」とも訳せる。

【形態／構造／背景】

11:1–6は、コヘレト書後半の構造において、9:11–12と対応する。

9:11–12（E'）は「時」について語り、「決定と不可知」を主題とする段落である。11:1–6（E"）もまたその「決定と不可知」について語る。9:11–12（E'）と 11:1–6（E"）は、コヘレト書全体の構造において 3:1–17（E）とも対応している。主題「決定と不可知」はコヘレト書全体においていわば蝶番のような役割を果たしているのであって、この 11:1–6 もコヘレト書全体で重要な位置づけを有する。

この段落は、1 節と 2 節が共に命令文から始まり、動機づけがそれに続く構文になっている。それは 6 節にも見られる。また、この段落では 2 節と 6 節の「あなたは知らない」という不可知的表現が枠組みになって、3–5 節を囲んでいる。この段落の構造の中心は 5 節後半の「すべてをなす神の業を知りえない」である。この神の業が不可知であるという認識は、3:1–17（E）において 3:11「神が……なさった御業を人は見極めることはできない」と同一の意味であり、また 9:11–12（E'）において 9:12「人は自分の時さえ知らない」と同様の意味である。

【注解】

1 節　「**パンを水面に流せ**」は二つの解釈が可能である。第一は、海上貿易を勧めているという解釈。「水」を海と解釈すると、パンを流すということは海上貿易をほのめかす。「流す」（あるいは「渡す」）という表現は海外への投資を示唆するとも言える。箴言にも似た格言がある。「商人の船のように、遠くからパンを運んで来る」（31:14）。古代の海上貿易は悪天候による船の遭難など、不慮の事故が生じる可能性が極めて高かった。せっかく生産物を船で海外に送り出しても、無事にめざす港に到達して投資者に利益をもたらすかどうかは皆目わからない。第二の解釈は、これが慈善行為を奨励していると説明する解釈である。ユダヤ教では伝統的にそのように解釈される。慈善の勧めは箴言にも見られる。「弱者を憐れむ人は主に貸す人。その行いは必ず報いられる」（箴 19:17）。1 節についてはいずれの解釈も可能である。「**多くの日が過ぎれば、それを見出すからである**」は、将来が未定であるという時間的認識を示す。それを理由に、海外貿易／慈善行為を勧めているのである。

2節　「**七つか八つ**」は「七人か八人」とも訳せる（新共同訳を参照）。「**分け前を七つか八つに分けよ**」は、1節と同様に二つの解釈がある。まず、1節が海上貿易の意味だとすれば、「分け前」を七人か八人と山分けせよという解釈が可能であり、あるいは財産を七つか八つに分散して、貿易においてすべてを失う危険を避けるべきとの解釈が可能である。それに対し、1節が慈善行為だとすれば、財産を七人、八人と分かち合えという意味になる。リスクの分散か分かち合いか、いずれの解釈も可能である。「**地にどのような不幸が起こるか、あなたは知らない**」は、1節後半同様に、将来の不確定性を表現している。コヘレトは将来についていわば最悪のシナリオを考える。この表現の中に「何が起こるかをあなたは知らない」というコヘレトの反黙示的表現が含まれている（8:7参照）。コヘレトは将来が決定していないという時間的認識に立って、「七つか八つに分けよ」という積極的な行為を勧めている。コヘレトはまた、ここでは間違いなく共同体の連帯と存続を考えている。

3節　「**雲が満ちれば、雨が地に降り注ぐ**」は自然現象をそのまま記述している。「**木が南に倒れても、北に倒れても、その倒れた場所に木は横たわる**」は奇妙な表現である。卜占行為と取る解釈もある（月本昭男）。けれども、1–2節と同様に、この節も将来の未定、不確定性を表現するものとして理解すべきである。木は人間の思いや意志とは無関係に倒れる、という意味である。木が南に倒れるか、北に倒れるかは決定してはおらず、ただ倒れたところに倒れただけで、人間はそれを予見できない、ということである。

4節　「**風を見守る者は種を蒔けない。雲を見る者は収穫できない**」も少々謎めいている。「風を見守る」と「雲を見る」は自然のなりゆきに依存すること。けれども、そういう受け身の日和見主義では、人生の決断をなすことはできない、というコヘレトの決定論批判と見ることができる。

5節　妊婦の胎内でどのように生命がはぐくまれるか、人にはわからない。「**息の道**」とは、生命の息の道のこと（西村俊昭）。「息」ルーアハは4節の「風」と同一の語であり、また「霊」と訳すこともできるが、コヘレトには霊肉二元論はない。ここでのルーアハはネフェシュ（息）と同じ創造論的な用語である。人間の創造において、神が人間の鼻に息を吹き込み、人間は生きる者になったことをコヘレトは前提としている（創2:7）。その誕生の不思議について、神の業を人間はとうてい知りえないと表現されるのである。神の決定と人の認識不可知がアンビバレントに語られている。これは 3:11 とよく似ている。

6節 **「朝にあなたの種を蒔け」**は、ユダヤ教の伝承では人生の早い時期に子供を得よ、という意味だと解釈される。それも可能だが、**「夕にあなたの手を休めるな」**と続くのであるから、不断の労働と勤勉の勧めと理解すべきである。**「実を結ぶのはあれなのか、これなのか、あるいは、その両方なのか、あなたは知らないからである」**は、将来の不確定性を意味する。古代の種蒔きにおいて、蒔かれた種が結実する可能性は今日に比べれば、極めて低かった。しかし、いや、だからこそ徹底して種を蒔けとコヘレトは勧めるのである。ここには、明らかなことだが、コヘレトの建設的で積極的な姿勢がある。

【解説／考察】

コヘレトは「将来の不確定性」を語り、同時に「倫理的命令」を発する。水面に流されたパンはどうなるかわからない（1節）。地にどんな災いが起こるかわからない（2節）。いつ雲が満ちるか、木はどちらに倒れるかわからない（3節）。妊婦の胎内にどのように生命が形成されるかはわからない（5節）。どの種が実を結ぶかはわからない（6節）。このように、いずれの場合でも不可知が共通の基盤となって、将来が確定していないことが認知されている。これは、いわば悲観的な認識である。ところが、それに対して、パンを水面に流せ（1節）、七人、八人と分かち合え（2節）、種を蒔け、手を休めるな（6節）、という倫理的な命令が連続して発せられる。この命令はしかも連帯を呼びかける積極的な行動命令である。つまり、不確実な将来認識と積極的な行動命令というアンビバレントな事柄が一つに繋がる。

コヘレトは将来を認識できると信じる考え方にラディカルな批判を加えている。これについて、2節の「地にどのような不幸が起こるか、あなたは知らない」において、「何が起こるか」という表現が用いられ、「何が起こるか誰も知らない」というコヘレトの特徴的な反黙示的定式が確認される

(8:7)。この段落でもコヘレトは黙示的終末論を否定し、終末の到来は未定であるとの認識に立ち、地上的／倫理的な生き方を勧めているのである。

とりわけ6節の命令は際立っている。「朝に種を蒔け、夕に手を休めるな」とは徹底して働けとの命令である。その命令の根拠となる理由は「実を結ぶ種はどれかわからない」という不可知的認識である。種を蒔いても、どの種も実を結ばないかもしれない。そうであれば、種を蒔くこと自体が無意味になってしまいそうである。けれども、いや、だからこそ、コヘレトは徹底して種を蒔けと命じる。将来には最悪の事態も起こりうるのである。しかし、その絶望的事態がありうるからこそ、むしろ逆に、今何をすべきかがわかってくるとコヘレトは考える。人は最悪のシナリオを描けば、未来をどう選び取るべきかが見えてくる。これは建設的悲観論と言えるだろうか。現代の傑出した物理学者S. ホーキングは地球の将来に向けて提言している。「やるべきことは、危険があることを理解したうえで何が危険なのかを突き止め、最善の策とマネジメントを選び取り、起こりうる事態に対して十分に先回りして対処することだけだ」（『ビッグ・クエスチョン——〈人類の難問〉に答えよう』青木薫訳、NHK出版、2019年、223頁）。コヘレトの命令は、残る時間が僅かであるゆえに、今という時を徹底的に生かせ、という勧めである。この究極の生き方をコヘレトは示しているのである。

対話（11:7–12:2 前半）

【翻訳】

対話

11章

7 光は快く、太陽を見るのは目に心地よい。

8 人が多くの年月を生きるなら、これらすべてを楽しむがよい。
けれども、闇の日々を思い起こせ。そうだ、それらは甚だ多く、すべては束の間にやって来る。

[9] 若者よ、あなたの若さを楽しめ。若き日々にあなたの心を快活にせよ。あなたの心の道を、あなたの目に映るとおりに歩め。
けれども、これらすべてについて神があなたを支配して導くと知れ。
[10] あなたの心から悩みを取り去り、あなたの体から痛みを取り除け。
若さも青春[a]も束の間だからである。

12 章
[1] 若き日々にあなたの創造主[b]を思い起こせ。
不幸な日々がやって来て、「それらにはわたしの楽しみはない」と言う年齢が近づかないうちに。
[2a] 太陽が、また光と月と星が闇にならないうちに。

a: あるいは「黒髪」。

b: BHS はこれをボールカー「あなたの墓穴」と読み替える提案をする。

【形態／構造／背景】

この段落 11:7–12:2a（D”）は「対話」という主題を有し、コヘレト書後半の構造においては 9:7–10（D’）と対応している。またコヘレト書全体においては、1:12–2:26（D）の「独白」と対応して、コヘレト書の前半と後半の対照性を浮き彫りにする。この段落が統一性を有すると考えられるのは、11:7 の「光」「太陽」が 12:2a にも現れ、しかも交差的に表現され、段落全体の枠組みを成しているからである。

また、この段落において特徴的なのは、枠組み 11:7 と 12:2a の間で、喜びへの招き（11:8a, 9a, 10a; 12:1a）と警告（11:8b, 9b, 10b; 12:1b）が交互に現れ、その陽と陰のアンビバレンスがリズムになって、最後のクライマックスである締め括りの詩文 12:2b–7 に繋がっているということである。

【注解】

7 節　「光は快く、太陽を見るのは目に心地よい」は、この地上で生きていることを無条件で喜ぶ人生肯定の表現である。「快く」マートークは、5:11では働く者の眠りについて用いられる。「光」ハーオールと「太陽」ハッシャーメシュ（停止形）という順序は、12:2aでは「太陽」ハッシェメシュと「光」ハーオールという逆の順序になっている。

8節　「**人が多くの年月を生きるなら、これらすべてを楽しむがよい**」は7節と連続する。人生肯定の表現であって、喜びへの招きである。「楽しむがよい」イシュマハはこの段落のキーワードである。これに続く表現は突然、トーンが変わる。「**闇の日々を思い起こせ**」は勧告である。「闇の日々」は、12:1の「不幸な日々」と同じ意味で、12:3以下の老齢のアレゴリーを先取りしている。「**それらは甚だ多く**」は、やがて来る悪しき日々が重くのしかかるという意味であろう。「**すべては束の間にやって来る**」は、直訳すれば「やって来るすべては束の間である」となる。

9節　「**若者**」バーフールは、「選ばれたもの」とも訳せる。コヘレトはこの若者に向かって呼びかけている。「**あなたの若さを楽しめ。若き日々にあなたの心を快活にせよ**」は同義的並行法で表現されている。「**あなたの心の道を、あなたの目に映るとおりに歩め**」は、思う存分に若さを楽しめという意味で、人生肯定の表現である。これに続く文は、8節後半と同様、突然、トーンが変わる。「**これらすべてについて神があなたを支配して導くと知れ**」は警告というより勧告である。「神があなたを支配して導く」は、「神はあなたを裁きに導く」とも訳せる。バ・ミシュパートをそのように「裁きに（向かって）」と訳すことによって、これがエピローグ部分の12:14と結びつけられ、編集者の付加と説明されることがある（ワイブレイなど）。けれども、コヘレトは死後の裁きを考えてはいないし、またエピローグは基本的にコヘレト自身の言葉である（12:8–14注解参照）。したがって、この11:9に編集的操作が加わっていると判断するのは説得的ではない。バ・ミシュパートは「裁きに（向かって）」ではなく、「支配によって」と翻訳されるべきであって、神の支配権を説明していると読み取ることができる（3:17注解参照）。コヘレトは神の支配と人間の自由がきちんと接続するという思想を示している。これは黙示的な決定論とは異なる。ヨセフスによれば、エッセネ派が摂理論に立ち、サドカイ派は摂理論を否定して人間の自由のみを肯定し、ファリサイ派は摂理論と人間の自由の両立を特徴とする。これに拠れば、コヘレトの思考はサドカイ派よりも、むしろファリサイ派に傾いていると言えようか。

10節　「あなたの心から悩みを取り去り、あなたの体から痛みを取り除け」は同義的並行法で表現される。これも人生肯定の表現である。「悩み」（カアス）は「憂い」や「悲しみ」とも訳せる（1:18; 2:23; 7:3, 9）。「痛み」（ラーアー）は「不幸」「災い」とも訳せる。続く表現はまたトーンが変わる。**「若さも青春も束の間だからである」**は勧告として理解される。「青春」ハッシャハルートはハパックス。語根シャハルは「黒い」という意味で、無知、願望、黒髪、夜明けなどを指す（ヨブ30:30; サム上9:26参照）。黒髪は若さの象徴であるゆえ、「青春」と訳す。人生肯定と警告という陽と陰が8節、9節、さらにこの10節でも交互に語られ、文学的なリズムを形成している。「束の間」ヘベルは短さを意味し、12:8のほかは、ここが最後の用例である。

12章1節　「あなたの創造主」ボーレエーカーは複数形。尊厳の複数。BHSはこれをボーレカー「あなたの墓穴」と読み替えるよう提案している。この読み替えは支持できないが、コヘレトが両義的な読みを意図している可能性はある。**「思い起こせ」**ゼコルは、過去の想起を意味する語だが、ここでは心に留めるという意味である。過去の中に未来を知るというコヘレトの思想が見られる（3:15参照）。**「不幸な日々がやって来て」**は11:8「闇の日々」と響き合い、次の**「『それらにはわたしの楽しみはない』という年齢が近づかないうちに」**と共に同義的並行法で表現されている。これによって、3節以下の老齢のアレゴリーが予告されることになる。

2節a　「太陽が、また光と月と星が闇にならないうちに」は、宇宙論的な破局をほのめかす表現だが、コヘレトは宇宙論的破局という終末認識を持たない。ここでは、「太陽」と「光」は、11:7の「光」と「太陽」の対応において段落の枠組みを構成している。ただし、太陽、光、月、星という宇宙論的表現は、次に見られる雲や雨という自然的／気象的表現と結びついて、3節以降の個人的終末論への転換を意識している。

【解説／考察】

この段落は、人生を肯定すると同時に、それについて警告／勧告を発するというアンビバレントな陽と陰が交互に、リズミカルに繰り返され、コヘレト書最後の詩文に続く。極めて文学的な技巧が特徴である。しかも、この段落では人生肯定の表現のみならず警告／勧告の表現においても命令文が際立つ。コヘレトは若者との対話において、この人生肯定をきちんと伝えようとしている。コヘレトは若者に「若さを楽しめ」と勧めるが、一方でその若さが束の間だと警告している点が興味深い。若さや青春が束の間であるということについては、K. コッホの指摘が参考になる。紀元前後のユダヤ社会において、人間の寿命はほとんど 30 歳であった。20 歳になった青春真っ只中の若者が生きられるのは、その後わずか 10 年ほどである（カイザー／ローゼ 1980:95）。「若さも青春も束の間だからである」ということには、今日とはまったく異なって、はっきりとした実感があったのである。コヘレトはだからこそ「若さを楽しめ」と命じた。ここにはコヘレト特有の生存の思想がある。すなわち、コヘレトは生きられる残りの時間が僅かであるゆえに、その時間を徹底して楽しみ、生きよと呼びかけているのである。残された時間を喜び、楽しむ。生きてさえいれば希望はある。この生き方は、高齢化が著しい現代においても意味あるメッセージを語っている。

詩文（12:2 後半 –7）

【翻訳】

詩

12 章

2b 雨の後にまた雲が戻ってくる。
3 その日には、家を守る男たちは震え、
力ある男たちは身を屈める。

粉ひく女たちは少なくなっていなくなり、
窓辺で眺める女たちは暗くなる。
4 粉ひく音が低くなると、通りの門は閉ざされる。
鳥のさえずりで人は起き上がるが、歌の娘たちは皆うなだれる。
5 人々は高い場所を恐れ、道には恐怖がある。
アーモンドは花咲き、バッタはよろよろ歩き、アビヨナはしぼむ。
そうだ、人は永遠の家に行き、嘆く者たちは通りを巡る。
6 ついに、銀の糸は断たれ[a]、金の鉢は砕ける。
泉で壺は割れ、車輪は穴で砕け散る。
7 塵は元の大地に帰り、息はこれを与えた神に帰る。

a: ケティーブによる。ケレーはイェラーテーク「繋がれる」。

【形態／構造／背景】

この 12:2b–7 は締め括りの詩文である。12:2a にある「太陽」と「光」は、11:7 の「光」と「太陽」との間で交差法的に対応し、段落の枠組みを構成している。この締め括りの詩文は「戻る／帰る」シューブを枠組み（2b, 7 節）としており、12:2b から始まって 12:7 まで続く。この詩文は、コヘレト書全体の構成において冒頭の詩文 1:3–11 と対応している。この対応関係は重要である。12:2b–7 においては、冒頭の 12:2b は自然学的／宇宙論的な記述である。しかし、12:3 の「その日には」という副詞が導入となって人間論的な記述に転換し、塵が大地に戻るという死の記述で終わる。このような転換と結末は、冒頭の詩文 1:3–11 にもあてはまる。すなわち、前半の 1:3–7 は自然世界を表現する宇宙論的な内容であり、また後半の 1:8–11 は人間論的な記述である。しかも、終わりの 1:11 では将来に関して悲観的な結論が導き出される。さらにまた、注目すべき用語として 12:2b, 7「帰る／戻る」シューブ、12:5「巡る」サーバブという循環論的用語が用いられ、これもまた冒頭の詩文においては効果的に用いられている。1:3–11 と 12:2b–7 の対応は明らかである。コヘレトはこの締め括りの詩文においても、コヘレト書全体の一貫した意図を表現しているのである。

「その日には」によって導入される3–7節の詩文はいわゆる老齢のアレゴリーとして知られる。字義的な読みのほかに、隠喩的な解釈あるいは象徴的な解釈が含意されている。これはいわば謎解きであって、7:23–29でコヘレトが示したものと近似する。知恵の謎解きの方法を用いながら、人間の死を複眼的に表現しているのである。

この箇所を理解するためには、背景にコヘレトの黙示批判があることを知る必要がある。コヘレトは冒頭の詩文においてと同様に、この締め括りの詩文においても終末論批判を意図した表現を用いる。3節の「その日には」もまたそうである。

【注解】

2節b　「**雨の後に**」は、太陽が姿を見せるという予想に反し、「**また雲が戻ってくる**」と続いて暗さを表現する。これは2節前半の「闇になる」と対応している。「戻ってくる」シャーブーは循環的用語で、7節の「帰る」シューブと対応する。したがって、この本節は7節の死をほのめかしているだろう。

3節　「**その日には**」バッ・ヨームは、内容的には死ぬ時を意味し、預言者の終末論的用語として知られている（たとえば、イザ27章）。コヘレトはその預言者の終末論的表現を用いて、宇宙論的／歴史的な終末ではなく、人間の死という個人的終末に転換する。ここにコヘレトの黙示批判がある。「**家を守る男たちは震え**」は、没落した家の隠喩とも受け取れるが、高齢による膝あるいは手の震えをほのめかす。「**力ある男たちは身を屈める**」は、没落した家の隠喩であると同時に、高齢により腰が曲がる喩えである。「**粉ひく女たちは少なくなっていなくなり**」は、やはり没落した家の隠喩であると同時に、高齢によって歯が抜け落ちる喩え。「**窓辺で眺める女たちは暗くなる**」は、没落した家の隠喩と同時に、高齢による視力低下の喩えである。この節において「家を守る男」「力ある男」「粉ひく女」「窓辺で眺める女」は字義通りには、それぞれ家の主人、召使い、臼をひく使用人の女、女主人を意味する。これが体の器官として、膝／手、腰、歯、目をも指すのである。

4節 **「粉ひく音が低くなる」**は、臼で粉をひく音が小さくなることをいう。そのあとに、没落した家の隠喩が続く。**「通りの門は閉ざされる」**は、その家が没落した状況を説明する。「門」デラータイムは双数形である。この「門が閉ざされる」とは、高齢のために両耳が聞こえにくくなることを喩えている。**「鳥のさえずりで人は起き上がる」**は、没落した家の隠喩には妥当しない。これは、高齢になって朝の目覚めが早くなることを意味する。**「歌の娘たちは皆うなだれる」**は意味がはっきりしない。「歌の娘たち」は音色や音程を意味するだろうか。あるいは女性歌手を意味するかもしれない。「うなだれる」は「低くなる」「弱まる」とも訳せる。そうすると、高齢になって声がしわがれ、高い音程が出せなくなり、歌う能力が低下することを意味するだろう。

5節 **「人々は高い場所を恐れ、道には恐怖がある」**は、高齢になると、坂道を登るのが怖くなり、道を歩くことに困難が生じるという意味。**「アーモンドは花咲き」**は、老齢者の白髪を表現している。アーモンドは春に白い花を咲かせるからである。**「バッタはよろよろ歩き」**は、「バッタは重荷を負う」とも訳せる。「バッタ」はヨエル書1:4などでは荒廃の象徴であるが、バッタが「よろよろ歩く」ことにおいて、老人がおぼつかない足取りで歩くさまが表現されている。**「アビヨナはしぼむ」**は、「アビヨナは実をつける」とも訳せる。というのも、「しぼむ」ターフェールは語根パラルに由来するが、これを語根パラーに由来する動詞と理解すれば、「実をつける」という訳語となるからである。「アビヨナ」はハパックスで、ヘブライ語のカタカナ表記。これは語根アーバー「欲望する」に由来し、「フウチョウボク（ケーパー）」とも訳せる。この植物は古来、媚薬の性質を有するとされる。そうだとすると、「アビヨナはしぼむ」とは高齢になって性欲や食欲が失われるという意味としても解釈できる。**「人は永遠の家に行き」**は死んで墓に行くということ。**「嘆く者たちは通りを巡る」**は、葬送の行列をほのめかす。「嘆く者たち」ソーフェディームはアモス書5:16「泣き男」と関係している。これは葬送のために雇われた者たちを指す。「巡る」サーバブは、歩き回るという意味になるが、この語は12:7の「帰る」シューブと共に循環論的用語であって、冒頭の詩文1:3–11の循環論的用語と共鳴している。

6節 **「ついに」**アド・アシェル・ローは、12:1と12:2と呼応した特徴的表現であるが、内容的にこの段落を決定する表現とはなっていない。「断たれ」イルハクはケティーブによる読み。これは「遠ざかる」とも訳せる（ケレーはイェラーテークで、「繋がれる」という意味）。**「銀の糸は断たれ」**は次の**「金の鉢は砕ける」**と同義的並行法で表現されている。ワイブレイは「銀の糸」と「金の鉢」を二つ合わせて、鎖に下げられたオイルランプを指すと解釈する。そうであれば、字義通りには、高価なランプが落ちて砕ける様子を表現している、ということになるだろう。ランプは生命の象徴である。これが砕けて火が消えることによって、死をイメージしているのである。**「泉で壺は割れ、車輪は穴で砕け散る」**も同義的並行法である。井戸で水を汲む壺を上げ下げする滑車が砕け、壺が穴の中で砕け散る様子が表現されている。泉は生命の象徴である。それを得られず、穴の底で器が砕けることにおいて死が象徴されている。いずれも極めて巧みな文学的表現である。

7節 **「塵は元の大地に帰り」**は3:20「すべては塵から成り、すべては塵に帰る」と同一の意味で、人間は最後には死ぬことを表現している。これは創世記3:19「お前は塵だから塵に帰る」を意識した表現である。**「息はこれを与えた神に帰る」**は「霊は与え主である神に帰る」（新共同訳）とも訳せる。しかしながら、旧約には霊肉二元論は存在しない。すなわち、人間には肉体と霊魂があって死において両者が分離するという考え方は旧約にはないのであって、コヘレトもここにおいて霊肉二元論で表現してはいない。したがって、「息」ルーアハを「霊」と訳すのは適切ではない。神が人間の鼻に息を吹き込むことによって、人間が生きた者になったのであるから、死において人間の息は与え主である神に帰るのである。本節の「帰る」（動詞シューブ）の繰り返しは、冒頭の詩文の1:6–7に見られる「帰る」の繰り返しと呼応している。冒頭の詩文において宇宙論的文脈の循環的な「帰る」は、この締め括りの詩文において人間論的文脈の帰還的な「帰る」と呼応し、最終的に創造主なる神へと帰納するのである。その意味において、コヘレトはいささかも不信な告白をしてはいない。

【解説／考察】

この締め括りの詩文は冒頭の詩文と対応している。冒頭の詩文では、宇宙の終わりはやって来ないという結論になるが、この締め括りの詩文では、人間の死こそが終末である、という最終結論になる。ここにはコヘレト書の一貫した思想、つまり黙示批判がある。コヘレトにおいて「人間の死こそが終末だ」という思想は知恵の思考に基づいている。知恵文学にはおよそ人の死を超える彼岸的な思考はない。むしろ、死によって限界づけられた生を生きることこそが知恵文学の関心事である。コヘレトはこの締め括りの詩文において、あくまで知恵の思考に基づいて、黙示的終末思想に対峙したのである。

注解部分にも記したが3節の表現「その日には」は、預言書では典型的な終末論的表現である（イザ 25:9 など）。黙示思想はこのような終末論的表現において終末の到来を見る。それはダニエル書では復活に繋がる彼岸的な願望に直結する（12:3）。けれども、コヘレトは「その日には」の後に、宇宙の終末ではなく、人間の死を語る。しかも徹底してそれを語る。人間が老齢になって死にゆくさまが実にリアルに語られる。これはつまり、コヘレトにとって終末なるものは存在せず、人間の死でもってすべては終わるのであって、それ以外ではないことが結論づけられている、ということである。

死ですべては終わる。この死の認識は、しかし、逆説的に、どう生きるべきかを考えることへと促す。コヘレトの思想もそうであって、コヘレト書では一貫して積極的に生きることが奨励される。コヘレトによれば「生きている犬の方が死んだ獅子より幸いである」（9:4）。どんな人生であれ、生きることにこそ意味がある。人は死という終わりを見るからこそ、今を生きることに意味を見出せるのである。この逆説は、自らの死期を察知することにより人生に積極的になり、無我夢中で仕事をやり遂げた人物が登場する、黒澤明監督の映画『生きる』を思い出させる。コヘレトは終わりまで徹底して生きよと勧めるのである。

標語、後書き（12:8–14）

【翻訳】

標語

12 章

8 ほんの束の間、とコヘレトは言う。すべては束の間である。

後書き

9 さて、コヘレトは知者であっただけでなく、さらに民に知識を教えた。彼は
また多くの格言を探し、吟味し、整理した。
10 コヘレトは望ましい言葉を見つけ出そうと努め、真実の言葉を正しく書き留
めた。
11 知者たちの言葉は突き棒や打ち込まれた釘に似ている。集められたものは
一人の牧者に由来する。
12 これらのほかに、わが子よ、心せよ。多くの書物を作っても果てがなく、多
くの学びは体を疲れさせる。
13 言葉の終わり。すべては聞き取られた。神を畏れ、その戒めを守れ。これ
こそ人間のすべてである。
14 そうだ、神は良いことであろうと悪であろうと、いっさいの業を支配によって、
すべて隠されたものへと導く。

【形態／構造／背景】

8 節はコヘレト書の標語であり、1:2 と共にコヘレト書全体の枠組みをなす。また、9–14 節はエピローグ、後書きであって、これはコヘレト書の構造上、1:1 の表題と対応する。ほとんどの注解者はこの 8–14 節を編集者による後代の付加と見なす。さらにこれを 8–11 節と 12–14 節に分けて第一編集、第二編集と説明される場合が多く、あるいはまた三つ（8–11, 12, 13–14 節）に分ける見解もある。けれども、そのように説明することはいずれも説得的とは思われない。というのも、コヘレト書において著者

コヘレトの言述と編集者のそれとは区別しがたいからである。7:27 において「コヘレトは言う」という挿入的な表現があるが、これもまたコヘレト自身が自らの見解をきちんと示すために記した表現だと説明できる。そこにコヘレト書の編集過程を検出するほどの意味上の落差は見られない。コヘレト書が編集者によって長い歴史を経て編集された複雑な文書であると考える必然性はないと考えられる。

これについて、M. フォックスは興味深い説明をする。西村俊昭もそうであって、これはコヘレト書という文書を理解する上で重要な視点である。フォックスによれば、コヘレトのペルソナにおいてテキストは書かれているのであり、コヘレト以外の者が編集したとしても、物語り手（frame narrator）の声はコヘレト自身の声である。そのように考えるならば、12:8–14 をコヘレトの手から離れた編集部分として読み取る必要はなくなる。これまで、本注解においてコヘレト書が一貫して反黙示思想の文書として読み取られたように、この最後の段落もまた基本的にコヘレトの言述として理解することができる。

12:8–14 の歴史的背景については編集史的方法で説明されることが多い。たとえば、ローフィンク（Lohfink 1980）は次のように説明する。紀元前 2 世紀にユダヤ教団はヘレニズム文化の影響によって伝統的な子弟教育が危うくなり、神殿での学校教育用の教科書「箴言」の改訂を余儀なくされた。そこで、コヘレト書を新しい教科書として採用することになった。ただし、教科書としての体裁を十分に整えるために、コヘレト書の冒頭にはソロモンに由来する名が置かれ、12:9 にはコヘレトが知者であって民に知識を教えたという記述が加えられた。これが第一の後書き（12:9–11）の由来である。けれども、コヘレト書が正典となるためには、どうしても正統主義的な要素が必要であったため、12:13 に「神を畏れ、その戒めを守れ」というさらなる付加がされた。これが第二の後書きの由来である。このようなローフィンクの説明によって、後書き部分の歴史的背景が説明できる。つまり、コヘレト書に見られる伝統主義的な記述はすべて教科書採用を促すための、また正典化を図るための付加だったのであり、二回の後書きの記述はその経緯を雄弁に物語るとされるのである。

以上のローフィンクの洞察は、なぜコヘレト書において二回にわたる後書きが必要であったか、またなぜ後書きの前半と後半で記述内容が異なるかをうまく説明する。これは多くの注解書の説明とうまく嚙み合う。しかしながら、このようなコヘレト書の後書き部分に関する説明は、コヘレト書全体がコヘレトに由来する部分と正統主義的な潤色の付加部分との混合であるという編集史的認識を前提とするものである。筆者には、それが妥当とは思われない。コヘレト書が反黙示的な意図で一貫した記述をしているという本注解の考え方からすれば、ローフィンクの後書き部分の歴史的説明は受け入れがたい。

【注解】

8節　「**ほんの束の間、とコヘレトは言う**」「**すべては束の間である**」は、1:2と同一の表現である。これはコヘレト書の標語であって、この文書全体の枠組みをも構成している。

9節　ここからエピローグが始まる。「**民に知識を教えた**」は、コヘレトが「民」を対象に教えたということであって、祭儀共同体全体を意識していたことがわかる。これは、コヘレトという名前が「集める者」という意味であることと関係している。「**多くの格言を探し、吟味し、整理した**」は、コヘレトが知者であったことを説明している。「格言」マーシャールについては、その複数形は「箴言」を意味する。これを「探し」、「吟味し」、「整理した」ということは、箴言1:2–6を想起させる。

10節　「**望ましい言葉**」は、「好ましい言葉」とも訳せる。「**真実の言葉**」は、「真理の言葉」「信頼できる言葉」とも訳せる。「**正しく書き留めた**」は受動形であり、直訳すれば「正しく書かれた」である。

11節　「**知者たちの言葉**」は箴言1:6「賢人らの言葉」と同じ。「**突き棒**」ダルボーノート（複数形）はハパックス。これは単数形ではサムエル記上13:21に「突き棒」、士師記3:31に「牛追いの棒」として出てくる。この語は、ヘブライ語の語呂合わせで「言葉」ディブレー（複数形）と重ねられている。「**釘**」マスメロート（複数形）はやはりハパックス。この語は、語呂合わせで「守る」シャーマルと重ねられている。そうすると、「突き棒」は10節の「言葉」、また「釘」は13節の「守れ」と関連して、そこに表現上の連続性が読み取れる。このような「突き棒や打ち込まれた釘」に「似ている」ということで、コヘレトの知恵の有効性が表現されるのである。「**集められたもの**」は、「収集の主人たち」とも訳せるけれども、ここでは収集された様々な格言を指す表現と理解される。「**一人の牧者に由来する**」は、直訳すると「一人の牧者から与えられている」となる。「牧者」は旧約ではイスラエルの指導者を意味する（エレ 23:1–6; エゼ 34:1–31）。「一人の牧者」は謎めいた表現だが、「突き棒」が羊飼いの「杖」を連想させるように、ダビデ的メシア（1:1 参照）への暗示と取ることもできる（エレ 23:4–5; エゼ 34:13）。

12 節　「**これらのほかに**」の「ほかに」ウェヨーテールは 12 節の冒頭の語であって、9 節冒頭の「さて」と同一。この 12 節から第二の後書きが始まると説明する注解者は多い。けれども、内容的に分離して説明されねばならないほどの落差はない。「**わが子よ**」は箴言で頻繁に用いられる知恵文学的呼びかけである。「**多くの書物を作っても**」は、多くの文書を作成することを意味する。「**果てがなく**」エーン・ケーツは、4:8「終わりがない」、4:16「終わりはない」と同じ表現で、コヘレト書における特徴的な反黙示的表現である。これは「終末はない」とも訳せる。多くの書を作っても終末はやって来ない、というコヘレトの嘲りとして読み取れる。黙示的な集団であるクムラン共同体が多くの黙示文書を作成していることをコヘレトは知っており、それを揶揄したのである。「**多くの学びは体を疲れさせる**」はユーモアを感じさせる表現だが、これも勤勉に学ぶことを義務とするクムラン宗団への批判として受け取れるのではないか。「学び」ラハグはハパックス。この語根ハラグは「反省する」「黙想する」をも意味し、また「語る」「発言する」をも意味する。コヘレト書で愚か者が多弁であることがしばしば批判されるが（5:6; 6:11; 10:14）、これもまた黙示批判であった。ヨセフスによれば、「彼ら（エッセネびと）は古い文書に異常な関心を示し、とくに精神と肉体に裨益する文書を選んで読んだりする」（『ユダヤ戦記 I』279 頁）。

13 節　「**言葉の終わり**」ソーフ　ダーバールは、結論というほどの意味だが、この「終わり」ソーフは 3:11 と 7:2 でも用いられている。コヘレトは反終末論という立場から、黙示的な用語「終末」ケーツを使用する場合は必ず否定辞エーンを付け（4:8, 16; 12:12)、一般的な終わりについては意識的にソーフを用いる。したがって、この「言葉の終わり」も終末否定の表現として理解される。「**すべては聞き取られた**」は、コヘレトが繰り返し「わたしは見た」という表現を用いてきたことと関係するだろう。見るという視覚的表現は夢や幻を見ることに通じ、黙示文書では特徴的な啓示表現である。けれども、コヘレトでは「すべては聞き取られた」であって、聴覚的表現を用い、律法遵守の姿勢を示している。「**神を畏れ、その戒めを守れ。これこそ人間のすべてである**」はユダヤ教正統主義の主張であるゆえにコヘレトの思想とは矛盾する、と多くの注解者は説明する。しかし、それは適切ではない。コヘレトはしばしば律法遵守を示し（3:17; 5:3)、「神を畏れる」ことを何度も説いているからである（3:14; 5:6; 7:18; 8:12)。コヘレトは紀元前 160–150 年の時代状況において、伝統的なユダヤ教団の態度決定を支持し、それを否定する初期クムラン宗団の姿勢に対して一貫して批判を浴びせている。ここでもまた、そのようなコヘレトのユダヤ教団支持の姿勢がはっきりと現れている。

14 節　「**いっさいの業を支配によって**」は、「いっさいの業を裁きによって」とも訳せるが、「支配によって」べ・ミシュパートは、「神の正しい支配によって」という意味として説明されるべきである。知者コヘレトは最後の審判という思想を持たない。したがって、新共同訳「裁きの座に引き出されるであろう」に看取されるような、死後の裁きに導くということをコヘレトは語るはずはない。「**すべて隠されたもの**」は注目すべき表現である。「隠された」ネエラームの語根はアーラムであって、これは「永遠」オーラームの語根でもある（3:11 参照)。コヘレトはこの「隠されたもの」において「永遠」という意味をも読み込んでいる可能性がある。神は人間のいっさいの業をこの「**隠されたものへと導く**」のである。すべて肉なる者は死んで塵に戻り、隠れたものは決して露わとはならない。そこにはコヘレト特有の不可知論がある。また、隠れたものが露わにならないということは、まさしく黙示の否定である。隠されたものを露わにすることこそが黙示だからである（ダニ 2 章)。つまり、このコヘレト書の最後の節においても反黙示の思想が貫かれている。このコヘレトの思想は申命記 29:28 と類似性がある。「隠されている事柄は、我らの神、主のもとにある。しかし、啓示されたことは、我々と我々の子孫のもとにとこしえに託されており、この律法の言葉をすべて行うことである」。コヘレトもこれと同様に、隠された事柄は神に属するのであって決して露わにはされず、地上を生きる人間にはただ律法の言葉を守る使命だけが託されていると結論づけるのである。

【解説／考察】

コヘレト書のエピローグは編集者の付加部分であって、コヘレトによって書き記された文書がその後編集者によって付加され、権威づけられた経緯を読み取る解釈がなされる。けれども、そのような解釈は説得的とは思われない。このエピローグは基本的にコヘレト自身に帰する叙述であると説明する方がはるかに望ましい。エピローグでもコヘレトは黙示批判を示している。「多くの書物を作れば果てがなく、多くの学びは体を疲れさせる」はそのような表現である。これについて、死海沿岸の洞窟群から、黙示思想を基盤とするクムラン宗団が生み出したものとして知られているおびただしい数の写本が発見された。クムランは啓示のしるしとして書物を作り出す集団である。コヘレトはこの初期クムラン宗団の企てを徹底的に批判している。エルサレム祭儀共同体から分離した敬虔で勤勉な群れをコヘレトは、多くの書を作っても終末は来ない（「果てがない」エーン・ケーツ）、と揶揄するのである。コヘレトはあくまでユダヤ教の伝統的な規範に従う。つまり、クムラン宗団のように終末到来を期待する禁欲的生き方をコヘレトは選ばないのである。「神を畏れ、その戒めを守れ」という命令は固陋な律法主義の命令ではなく、祭儀共同体が混迷している時代に、コヘレト（集める者）がその名の如く共同体を一つに集めようとする建設的発言なのである。

コヘレトが集めようとする共同体は、その性質において、サドカイ派とファリサイ派という体制側により形成される祭儀共同体である。すでに指摘した通り、ヨセフスによれば、ヨナタンの時代にユダヤ教団にはサドカイ、ファリサイ、エッセネという三つの集団が存在した。それに従えば、コヘレトは反エッセネの側に立ち、体制派であるサドカイとファリサイに共通する思想を有するが、此岸的志向が強烈である点においてはサドカイ派的傾向を示していると言わざるを得ない。コヘレトはこの祭儀共同体内の体制側に与し、「集める者」として発言している。「神を畏れ、その戒めを守れ。これこそ人間のすべてである」はコヘレト自身の結論を端的に示している。コヘレト書とダニエル書が成立した後のユダヤ教は、とりわけ新約文書がそうであるように黙示思想の全盛期と言ってよい。この思想運動はやがてユダヤ戦争という破局に向かう。コヘレトの反黙示思想は、黙示思想の暴走に歯止めをかけるという意義を有し、後の反黙示的なラビ的ユダヤ教に繋がる道を準備したと考えられるのではないか。いずれにせよ、コヘレト書はダニエル書と共に旧約文書の最終到達点と説明することができる。

あとがき

『VTJ　コヘレト書』を書き上げることができた。これまで刊行されたシリーズの「出エジプト記」や「列王記」に比べると、「コヘレト書」は12章から成る小文書である。また、筆者がこの注解に充てた分量はそれほど多くはない。そのため本書は小ぶりな注解書となった。当初、「雅歌」注解と合本にする予定であったが、「コヘレト書」だけで刊行されることになった事情もあり、浩瀚なコヘレト書注解にならなかったことをおゆるしいただきたい。

しかし、本書は従来のコヘレト書注解とは全く内容を異にするものである。それは、筆者の独自の見通しと方法による。コヘレト書が黙示思想と対論しているという筆者のテーゼを下敷きにして、コヘレト書を新たに分析し、その意図と意味をえぐり出そうとした。従来、一貫したものとは説明しきれなかったコヘレトの思想をきちんと解明できたと思う。それが果たして成功したかどうかは読者の評価に委ねよう。

コヘレト書が一貫して黙示思想と対論していることは一般には受け入れがたい見方である。この仮説に筆者が辿り着いたのは、今から25年前である。筆者はドイツに留学して、このテーマで学位論文を書き、学位を取得はしたが、結局、出版しないまま帰国した。コヘレト書全体を注解する構想はその頃すでに筆者にはあり、20年を経てようやくそれが実現したのである。コヘレト書が黙示思想と関係することは、部分的な考察ならばこれまでもあったが、きちんと論じられたものはなかった。コヘレト書の成立時代すら確定されない学界の現状で、この仮説を貫くのが至難だということは確かである。そういうわけで、屋上屋を重ねるような思弁的な議論だと批判されることを覚悟の上で、筆者は注解執筆を試みた。このテーゼで学界の支持を十分に得られるのはまだ早いと筆者は判断していたが、本注解の校正段階で、思いがけず*ZAW*の最新号に以下の論文が掲載された。Uwe F. W. Bauer, Kohelet in Distanz zu Eschatologie und Apokalyptik, in: *ZAW* 2019, S.563-576. 筆者の仮説とほぼ同じ線で議論がされている。これから先、コヘレト書は黙示思想との関係で論じられることが多くなるだろうと期待する。

本注解の執筆と並行して、『コヘレトの言葉を読もう――「生きよ」と呼びかける書』（日本キリスト教団出版局）を上梓した。これは、月刊誌「信徒の友」に１年間連載したコヘレト書の聖書研究を一冊に纏めたものである。本注解を補うものとして参照していただければ幸いである。その中で筆者が強調したことは、黙示思想は地上の生を敬遠し、来世にこそ本来の生があるという態度を有するゆえに、現実に対する諦めと悲観主義をもたらすということである。悲観主義はコヘレトではなく、むしろ黙示思想にその傾向が現れている。終末の到来は決定しているという認識があるからである。そのような黙示的な終末認識に対して、コヘレトは現在生きていることに意味を見出し、人生は短くても、今を生きていることを徹頭徹尾、肯定し、飲み食いを神の賜物と受け取ろうとする。快楽主義や享楽主義はコヘレトには当たらない。コヘレトが死を直視するのは、それによって逆説的に生の意義が現出するからであり、そこにコヘレトの反黙示的意図が存在する。以上の筆者のコヘレト解釈は本注解においてもきちんと論じたつもりである。

本注解の執筆と並行してまた、「聖書協会共同訳」という新しい翻訳聖書が刊行された。31 年ぶりに原典から新たに翻訳された。コヘレト書の翻訳と解釈については、この聖書協会共同訳もまた本注解と関係している。1987 年発行の新共同訳と比べると、コヘレトの言葉の解釈には変化があることに気づくはずである。新共同訳には小見出しが一つも付けられていなかった。新共同訳発行の時代には、コヘレト書がまだ統一性のない錯綜した文書だと解されていたからである。このたびの聖書協会共同訳では、コヘレト書は統一性のある文書として翻訳されている。その新しい聖書翻訳が本注解においても参照されている。

筆者がどうしてコヘレト書を研究するに至ったかについて触れておく。筆者はかつて神学生であった頃、旧約聖書がよくわからず悩まされた。旧約がわからないままでは、将来、牧師になって苦労すると思い、大学院では旧約学を専攻した。けれども、勉強すれどもちっともわからない。そこで、最も難しいコヘレト書がわかるようになれば、旧約全体が見通せるようになるに違いないと考え、コヘレト書をテーマに選び、不出来な修士論文を書いて卒業した。結局、コヘレト書は少しもわからないまま、牧師になった。幸いなことに、コヘレト書がわかるようになりたいという希望が叶い、ドイツ留学の道が開かれた。社会史的解釈で著名なベーテル神学大学のクリュゼマン教授の下で「コヘレトと黙示思想」というテーマに挑むことができた。暗中模索で試行錯誤を繰り返したが、ようやく手がかりを見出し、もやもやが晴れて論文が完成。5年後に学位を取得することができた。挫折しかけても諦めなかったのは、「どんな的外れの仮説でも、定説の鸚鵡返しよりはよっぽど価値がある」という並木浩一先生の励ましを思い起こし、自分を奮い立たせたからである。

筆者がコヘレト研究で辿り着いたのは、コヘレト書が旧約最後に成立した文書であって、コヘレト書が対峙したダニエル書と共に、両者がユダヤ教の旧約正典に収められたという認識である。この相反する思想内容の二つの書が旧約に存在することに、ユダヤ教のバランス感覚を筆者は見る。それはまた、初期キリスト教の終末観にも繋がると考えられる。以上の考え方は一般的ではないけれども、筆者はそのような見方で旧約文書成立の最終段階を説明する。

筆者に残った課題はコヘレト書と死海文書との関連である。死海文書を探求し、ある程度の見通しがついていたが、本注解にはそれがほとんど生かされなかった。ドイツから帰国後、死海文書の研究に時間を費やすことができなかった。それを自覚しているだけに、本注解の査読を引き受け、時間をかけ丁寧に読んでくださった勝村弘也先生には大変感謝している。勝村先生は、筆者のテーゼについて鋭い批判と共に、ある程度の理解を示してくださった。また、死海文書、とりわけホダヨートとの関係を具体的に指摘してくださった。死海文書をきちんと参照すれば、筆者の仮説は軌道修正を余儀なくされるかもしれない。その意味で本注解は完成途上にあり、トルソーの部分を含んでいる。

本注解は筆者にとって一里塚である。コヘレト書注解は、今後も多くの研究者が挑み続けるだろう。本注解はその一つにすぎないけれども、コヘレト書に対する新たな挑戦としてお読みいただければ幸いである。コヘレト曰く「多くの書物を作っても果てがなく、多くの学びは体を疲れさせる」（12:12）。こそばゆいが、これは至言である。

本注解の原稿が完成する直前、9月5日に同僚の大住雄一教授が天に召された。大住教授は筆者にとって同僚というよりも、恩人であった。27年前、「クリュゼマンの下で勉強しないか」と筆者に声をかけ、丁寧な推薦書を書いてくれたのは大住教授である。このことがなければ、筆者は神学教師になることはなかった。20年間、大住教授と共に東神大で旧約学を担うことができた幸せを、今さらながらしみじみ思う。大住教授も筆者もクリュゼマンに師事し、ベーテルの空気を吸って学位論文を書いた。クリュゼマンはまた、故ワルケンホルスト神父の親しい友人であり、私たちのドクトラント（博士論文執筆者）受け入れについては同神父が仲立ちになってくださった。筆者は、大住教授と一緒にクリュゼマンとワルケンホルストから学んだことを誇りに思っている。

ところで、ドイツ留学中の懐かしい思い出だが、コヘレト書7:26でミソジェニー（女性嫌い）を否定する議論をしていることに気づかせてくれたのは、筆者の伴侶であり同労者である小友絹代である。ヘブライ語メッツォディームがその音韻上の語源でありうることを筆者はうかつにも見逃していた。ちなみに「愛する妻と共に人生を見よ」（9:9）はコヘレト書の中で筆者が最も好きな言葉である。

最後に、本書の出版にあたって編集者の加藤愛美さんに大変お世話になった。このVTJのシリーズが完結するのはおそらく30数年後になるだろうが、このシリーズが息長く、多くの牧師たちに愛用される注解書となりますように。

2020年2月

小友　聡

参考文献

〔文献関係略語表〕

AB	Anchor Bible
ABD	Anchor Bible Dictionary
AF	Archivio di Filosofia
AOAT	Alter Orient und Altes Testament
ATD	Alte Testament Deutsch
ATSAT	Arbeiten zu Text und Sprache im Alten Testament
AzTh	Arbeiten zur Theologie
BA	Biblical Archaeologist
BASOR	Bulletin of the American Schools of Oriental Research
BBB	Bonner Biblische Beiträge
BEATAJ	Beiträge zur Erforschung des Alten Testaments und des antiken Judentums
BEThL	Bibliotheca Ephemeridum Theologicarum Lovaniensium
Bib	Biblica
BiKi	Bibel und Kirche
BKAT	Biblischer Kommentar Altes Testament
BN	Biblische Notizen
BWANT	Beiträge zur Wissenschaft von Alten und Neuen Testament
BZ	Biblische Zeitschrift
BZAW	Beihefte zur Zeitschrift für die Alttestamentliche Wissenschaft
CBC	Cambridge Bible Commentary
CBQ	Catholic Biblical Quarterly
CBQMS	Catholic Biblical Quarterly Monograph Series
DSB	Daily Study Bible
EdF	Erträge der Forschung
ET	Expository Times
EtB	Etudes bibliques
EThL	Ephemerides Theologicae Lovanienses
EvErz	Der Evangelischer Erzieher
EvTh	Evangelische Theologie
EWNT	H. Balz und G. Schneider (eds), Exegetisches Wörterbuch zum

	Neuen Testament
HAR	Hebrew Annual Review
HAT	Handbuch zum Alten Testament
HCOT	Historical Commentary on the Old Testament
HThKAT	Herders Theologischer Kommentar zum Alten Testament
HThR	Harvard Theological Review
HUCA	Hebrew Union College Annual
ICC	International Critical Commentary
JBL	Journal of Biblical Literature
JBTh	Jahrbuch für biblische Theologie (monograph series)
JJS	Journal of Jewish Studies
JQR	Jewish Quarterly Review
JSOT	Journal for the Study of the Old Testament
JSOTS	Journal for the Study of the Old Testament, Supplement Series
JSPES	Journal for the Study of the Pseudepigrapha, Supplement Series
KAT	Kommentar zum Alten Testament
KSTh	Kleine Schriften zur Theologie
NCBC	New Century Bible Commentary
NEB	Neue Echter Bibel
NICOT	New International Commentary on the Old Testament
NZSTh	Neue Zeitschrift für systematische Theologie und Religionsphilosophie
OTL	Old Testament Library Commentary Series
RdQ	Revue de Qumran
RGG	K. Galling (ed), Religion in Geschichte und Gegenwart: Handwörterbuch für Theologie und Religionswissenschaft (3rd ed, Tübingen: Mohr [Siebeck], 1957)
SBAB	Stuttgarter biblische Aufsatzbände
SBM	Stuttgarter biblische Monographien
SBS	Stuttgarter Bibelstudien
SQAW	Schriften und Quellen der alten Welt
STDJ	Studies on the Texts of the Desert of Judah

StUNT	Studien zum Umwelt des Neuen Testaments
THAT	E. Jenni und C. Westermann (eds), Theologisches Handbuch zum Alten Testament
ThR	Theologische Rundschau
ThWAT	Theologisches Wörterbuch zum Alten Testament
ThZ	Theologische Zeitschrift
TOTC	Tyndale Old Testament Commentaries
TRE	Theologische Realenzyklopädie
TThZ	Trierer theologische Zeitschrift
UF	Ugarit-Forschungen
UTB	Uni-Taschenbücher
VT	Vetus Testamentum
VTS	Vetus Testamentum, Supplements
WBC	Word Biblical Commentary
WdF	Wege der Forschung
WMANT	Wissenschaftliche Monographien zum Alten und Neuen Testament
WUNT	Wissenschaftliche Untersuchungen zum Neuen Testament
ZAH	Zeitschrift für Althebräistik
ZAW	Zeitschrift für die alttestamentliche Wissenschaft
ZB	Zürcher Bibel
ZBK	Zürcher Bibelkommentare
ZDMGS	Zeitschrift der deutschen morgenländischen Gesellschaft Supplementbände
ZDPV	Zeitschrift des deutschen Palästina-Vereins
ZThK	Zeitschrift für Theologie und Kirche

(聖書テキストの略号については、参考文献表の「聖書テキスト」の項参照)

(聖書テキスト)

『聖書　口語訳』日本聖書協会、1955。(略号：口語訳)

『聖書　新共同訳　旧約続編つき』日本聖書協会、1987。(略号：新共同訳)

『聖書　新改訳 2017』日本聖書刊行会、2017。(略号：新改訳 2017)

『聖書　聖書協会共同訳』日本聖書協会、2018。(略号：協会共同訳)

関根正雄（訳）『旧約聖書』教文館、1997。(略号：関根訳)

月本昭男（訳）「コーヘレト書」『旧約聖書』XIII、岩波書店、1998。（略号：岩波訳）

Biblia Hebraica Stuttgartensia. Stuttgart: Deutsche Bibelgesellschaft, 1977.（略号：BHS）

Biblia Hebraica Quinta (Megilloth). Stuttgart: Deutsche Bibelgesellschaft, 2004.（略号：BHQ）

Septuaginta, Bd.XI/2: Ecclesiastes. Göttingen: Vandenhoeck, 2019.

The Aramaic Bible, Vol.15: The Targum of Qohelet. Edinburgh: T.&T. Clark, 1991.

（資料関連文献）

『ギルガメシュ叙事詩』矢島文夫訳、ちくま学芸文庫、1998。

シューラー，E.『ユダヤ民族史』Ⅰ－Ⅳ、小河陽他訳、教文館、2012–2015。

ヨセフス『ユダヤ古代誌』Ⅰ－Ⅵ、秦剛平訳、ちくま学術文庫、1999–2000。

ヨセフス『ユダヤ戦記』Ⅰ－Ⅲ、秦剛平訳、ちくま学術文庫、2002。

（注解書）

浅野順一 1967.「伝道の書」『伝道の書・雅歌・哀歌』旧約聖書註解シリーズ、新教出版社。

内村鑑三 1982.「伝道之書　研究と解訳」『内村鑑三全集』22、岩波書店、18–125、原本 1915。

勝村弘也 1994.「コヘレトの言葉」『新共同訳　旧約聖書注解』Ⅱ、日本キリスト教団出版局、220–233。

木田献一 2001.「コヘレトの言葉」『新共同訳　旧約聖書略解』日本キリスト教団出版局、706–719。

小池辰雄 1943.「伝道之書」黒崎幸吉編『旧約聖書略註』中、日英堂、1385–1430。

中沢洽樹 1985.『「空の空」——知の敗北』山本書店。

西村俊昭 2012.『「コーヘレトの言葉」注解』日本キリスト教団出版局。

丹羽鋠之 1980.『伝道の書』上・下、憩のみぎわ社。

矢内原忠雄 1978.「伝道之書講義」『聖書講義』Ⅵ、岩波書店、589–607、原本 1956。

脇屋義人 1957.「伝道の書」『旧約聖書略解』日本キリスト教団出版局、637–647。

Barton, G A 1980. *A Critical and Exegetical Commentary on the Book of*

Ecclesiastes. (ICC) Edinburgh: T.&T. Clark.

Brown, W P 2000. *A Bible Commentary for Teaching and Preaching.* (Interpretation) Louisville: John Knox Press.（『コヘレトの言葉』現代聖書注解、小友聡訳、日本キリスト教団出版局、2003。）

Crenshaw, J L 1987. *Ecclesiastes. A Commentary*. (OTL) Philadelphia: Westminster John Knox Press.

Davidson, R 1986. *Ecclesiastes and Song of Songs*. (DSB) Edinburgh: Saint Andrew Press.（『伝道の書・雅歌』デイリー・スタディー・バイブル、牧野留美子訳、新教出版社、1996。）

Eaton, M A 1983. *Ecclesiastes. A Introduction and Commentary*. (TOTC) Leicester: Inter-Varsity Press.（『伝道者の書』ティンデル聖書注解、熊谷徹訳、いのちのことば社、2004。）

Ellermeier, F 1967. *Qohelet I/1. Untersuchungen zum Buch Qohelet*. Herzberg: Jungfer.

Fox, M V 2004. *Ecclesiastes. The Traditional Hebrew Text with the New JPS Translation*. (JPS Bible Commentary) Philadelphia: The Jewish Publication Society.

Fuerst, W J 1975. *The Books of Ruth, Ester, Ecclesiastes, the Song of Songs, Lamentations*. (CBC) Cambridge: Cambridge University Press.（『ルツ記・エステル記・伝道の書・雅歌・哀歌』ケンブリッジ旧約聖書注解、高尾哲訳、新教出版社、1981。）

Galling, K 1969. Der Prediger, in *Die Fünf Megilloth*. (HAT) Tübingen: J.C.B. Mohr.

Hertzberg, H W 1963. *Der Prediger*. (KAT) Gütersloh: Gütersloher.

Köhlmoos, M 2015. *Kohelet: Der Prediger Salomo.* (ATD) Göttingen: Vandenhoeck.

Kroeber, R 1963. *Der Prediger: Hebräisch und Deutsch*. (SQAW 13) Berlin: Akademie.

Krüger, Th 2000. *Kohelet (Prediger)*. (BKAT Sonderband) Neukirchen-Vluyn: Neukirchener Verlag.

Lauha, A 1978. *Kohelet*. (BKAT XIX) Neukirchen-Vluyn: Neukirchener Verlag.

Loader, J A 1986. *Ecclesiastes. A Practical Commentary,* tr. by J Vriend, Grand Rapids: Eerdmans.（『伝道の書』コンパクト聖書注解、片野安久利

訳、教文館、1994。)

Lohfink, N 1980. Kohelet. (NEB) Würzburg: Echter-Verlag.

Longman III, T 1998. *The Book of Ecclesiastes*. (NICOT) Grand Rapids: Eerdmans.

Murphy, R E 1992. *Ecclesiastes*. (WBC 23A) Dallas: Word.

Ogden, G S 1987. *Qoheleth*. (Readings, A New Biblical Commentary) Sheffield: JSOT Press.

Podechard, E 1912. *L'Ecclésiaste*. (EtB) Paris: Librairie Victor Lecoffre.

Rankin, O S & Atkins, G G 1956. The Book of Ecclesiastes, in *The Interpreter's Bible* 5, 3–88. Nashville: Abingdon Press.

Schellenberg, A 2013. *Kohelet*. (ZB 17) Zürich: Theologischer Verlag Zürich.

Schoors, A 2013. *Ecclesiastes*. (HCOT) Leuven: Peeters.

Schwienhorst-Schönberger, L 2004. *Kohelet*. (HThKAT) Freiburg: Herder.

Scott, R B Y 1965. Proverbs, Ecclesiastes. (AB 18) New York: Doubleday.

Seow, C L 1997. *Ecclesiastes*. (AB 18C) New York: Doubleday.

Towner, W S 1997. The Book of Ecclesiastes, in *The New Interpreter's Bible* 5, 267–360. Nashville: Abingdon Press.

Whybray, R N 1989. *Ecclesiastes*. (NCBC) Grand Rapids: Eerdmans. (『コヘレトの言葉』ニューセンチュリー聖書注解、加藤久美子訳、日本キリスト教団出版局、2013。)

Zimmerli, W 1980. *Das Buch Prediger Salomo*. (ATD 16/1) Göttingen: Vandenhoeck. (『箴言・伝道の書』ATD旧約聖書註解、有働泰博/小関毅彦/小友聡訳、ATD/NTD聖書註解刊行会、1991。)

(研究書・論文等)

池田裕 1982.『旧約聖書の世界』三省堂。

上村静 2013.『キリスト教の自己批判——明日の福音のために』新教出版社。

上村静 2014.「コヘレトとイエス——ニヒリズムによるエゴイズムの克服」『聖書学論集』46、215–238。

ヴェルメシ, G 2011.『解き明かされた死海文書』守屋彰夫訳、青土社、原著 2010。

大串元亮 2004.『新しいものはあるか——コヘレトの言葉講解説教』教文館。

大貫隆 1999.『終わりから今を生きる——姿勢としての終末論』教文館。

小友聡 2000.「黙示思想と伝道の書」『神学』62、86–103。

小友聡 2002a.「コヘレトの思想的戦略」、大野恵正他編『果てなき探究』教文館、232–248。

小友聡 2002b.「最悪のシナリオを想定して——コヘレト 11 章 1–6 節をめぐる考察」『神学』64、75–91。

小友聡 2002c.「黙示、預言、知恵——決定論をめぐって」、小友聡他編『テレビンの木陰で』教文館、211–225。

小友聡 2004.「『コヘレトの言葉』と知恵の倫理的世界観」『紀要』7、89–100。

小友聡 2006.「コヘレトにおける『謎解き』」『神学』68、82–100。

小友聡 2007a.「コヘレトの言葉」、『新版　総説　旧約聖書』日本キリスト教団出版局、447–454。

小友聡 2007b.「『コヘレトの言葉』におけるパロディー」『神学』69、102–120。

小友聡 2007c.「死すべき者の救済——コヘレトの『飲み食い』」『紀要』10、97–111。

小友聡 2009.「『コヘレト書』のヘベル（空）について」『紀要』12、75–86。

小友聡 2010a.「秘密は隠される——旧約知恵文学の思想的本質」『紀要』13、101–116。

小友聡 2010b.「黙示の起源は預言か知恵か」『聖書学論集』42、37–60。

小友聡 2011.「コヘレト書の反黙示思想——二つの詩文をめぐって」『旧約学研究』8、41–58。

小友聡 2012a.「旧約聖書における『時』——コヘレトの『時』をめぐって」『福音と世界』4 月号、20–25。

小友聡 2012b.「コヘレトの時間認識と救済」『神学』74、34–51。

小友聡 2013.「言葉は解釈されなければならない」『神学』75、25–42。

小友聡 2014.「応報主義を超えて——旧約聖書の反応報思想」『伝道と神学』4、127–142。

小友聡 2017a.『「コヘレトの言葉」の謎を解く』日本聖書協会。

小友聡 2017b.「コヘレト書の歴史的背景」『神学』79、200–219。

小友聡 2019.『コヘレトの言葉を読もう——「生きよ」と呼びかける書』日本キリスト教団出版局。

カイザー , O ／ローゼ , E 1980.『死と生』吉田泰／鵜殿博喜訳、ヨルダン社、原著 1977。

勝村弘也 1998.「コーヘレト書解説」『旧約聖書』XIII、岩波書店、205–212。

加藤久美子 1993.「コーヘレトの知恵——コーヘレトの書の統一的理解のため

に」『聖書学論集』26、44–69。
クレンショウ, J L 1987.『知恵の招き——旧約聖書知恵文学入門』中村健三訳、新教出版社、原著 1973。
クロス, F M 1997.「死海文書の歴史的状況」H. シャンクス編『死海文書の研究』池田裕監修、高橋晶子／河合一充訳、ミルトス、61–86、原著 1993。
小林洋一 1997.「コヘレトの言葉 11 章 1–6 節——もう一つの解釈の可能性」『西南学院大学神学論集』54(2)、1–26。
佐々木哲夫 1988.「知恵とヤーウィズム——伝道の書 12 章 9–14 節をめぐって」『福音主義神学』19、185–201。
シアウ, C L 2002.「万事が制御不能な時の神学」小友聡訳、『日本版インタープリテイション』63、ATD/NTD 聖書註解刊行会、4–27、原著 2001。
関根清三 1994.『旧約における超越と象徴』東京大学出版会。
関根正雄 1949.『旧約聖書』東京創元社。
関根正雄 1979a.「イスラエルの知恵」『関根正雄著作集』5、新地書房、353–365、原本 1972。
関根正雄 1979b.「コーヘレスとテオグニス」『関根正雄著作集』5、新地書房、443–459、原本 1961。
関根正雄 1985.「旧約聖書序説」『関根正雄著作集』4、新地書房。
タメズ, E 2002.「コヘレトの言葉」金井美彦訳、『日本版インタープリテイション』63、28–46、原著 2001。
月本昭男 1991.「『コーヘレト書』における不可知論と現前の生の肯定—— 11 章 1–6 節の宗教史的背景とコーヘレトの論理」、佐藤研編『聖書の思想とその展開』教文館、15–40。
ドゥリン, R Z 2002.「光は何と快いことか」北博訳、『日本版インタープリテイション』63、47–68、原著 2001。
ナイト, D A 2015.「ヘブライ語聖書における年齢観」標珠実訳、『日本版インタープリテイション』90、27–50、原著 2014。
並木浩一 1997.『ヘブライズムの人間感覚』新教出版社。
並木浩一 1999.『旧約聖書における文化と人間』教文館。
西村俊昭 2002.『旧約聖書における知恵と解釈』創文社。
ブラウン, W P 2002.「あなたの手のなし得ることはなんでも」鎌野直人訳、『日本版インタープリテイション』63、69–98、原著 2001。

Albertz, R 1992. *Religionsgeschichte Israels in alttestamentlicher Zeit,* Teil 2:

Vom Exil bis zu den Makkabäern. (Grundrisse zum Alten Testament. ATD Ergänzungsreihe, Bd.8) Göttingen: Kohlhammer.

Amir, Y 1985. Doch ein griechischer Einfluß auf das Buch Kohelet?, in ders., *Studien zum antiken Judentum,* 35–50. (BEATAJ 2) Frankfurt a.M.: Peter Lang.

Anderson, W H U 1998. Philosophical Considerations in a Genre Analysis of Qoheleth. *VT* 48, 289–300.

Arnold, B T 1993. Wordplay and Narrative Techniques in Daniel 5 and 6. *JBL* 112, 479–485.

Backhaus, F J 1993a. *„Denn Zeit und Zufall trifft sie alle." Studien zur Komposition und zum Gottesbild im Buch Qohelet.* (BBB 83) Frankfurt a.M.: Anton Hain.

Backhaus, F J 1993b. Qohelet und Sirach. *BN* 69, 32–55.

Backhaus, F J 1994. Der Weisheit letzter Schluß! Qoh. 12,9–14 im Kontext von Traditionsgeschichte und beginnender Kanonisierung. *BN* 72, 28–59.

Backhaus, F J 1995. Die Pendenskonstruktion im Buch Qohelet. *ZAH* VIII/1, 1–30.

Backhaus, F J 1997a. Qohelet und der sogenannte Tun-Erghen-Zusammenhang. *BN* 89, 30–61.

Backhaus, F J 1997b. Widersprüche und Spannungen im Buch Qohelet. Zu einem neueren Versuch, Spannungen und Widersprüche literarkritisch zu lösen, in Schwienhorst-Schönberger 1997a: 123–154.

Backhaus, F J 1998. Kohelet und die Diatribe. Hermeneutische und methodologische Überlegungen zu einem noch ausstehenden Stilvergleich. *BZ* 42, 248–256.

Baldermann, I (Hrsg) 1988. *Zum Problem des biblischen Kanons.* (JBTh 3) Neukirchen-Vluyn: Neukirchener.

Baltzer, K 1987. Women and War in Qohelet 7:23–8:1a. *HThR* 80, 127–132.

Bammel, E 1979. Sadduzäer und Sadokiden. *EThL* 55, 107–115.

Barr, J 1962. *Biblical Words of Time*. London: SCM Press.

Bartelmus, R 1990. Haben oder Sein. Anmerkungen zur Anthropologie des Buches Kohelet. *BN* 53, 38–67.

Basser, H W 1988. Pesher Hadavar: The Truth of the Matter. *RdQ* 13, 389–405.

Bauer, J B (Hrsg) 1994. *Bibeltheologisches Wöterbuch*. Graz: Styria.

Bauer, J B, Fink, J & Galter, H D (Hrsg) 1993. *Qumran. Ein Symposion*. (Grazer Theologische Studien 15) Graz: Instituts für Okumenische Theologie und Patrologie an der Universitat Graz.

Bauer, J B & Uwe, F W 2019. Kohelet in Distanz zu Eschatologie und Apokalyptik. *ZAW* 131, 563–576.

Baumbach, G 1973. Der sadduzäische Konservativismus, in Maier & Schreiner 1973: 201–213.

Baumbach, G [1983] 1992. Art. φαρισαῖος. *EWNT* III, 992–997. (「φαρισαῖος ファリサイ派、パリサイ人」『ギリシア語新約聖書釈義事典Ⅲ』教文館、1995、463–465。)

Baumgärtel, F 1969. Die Ochsenstachel und die Nägel in Koh 12,11. *ZAW* 81, 98.

Baumgarten, J M 1980. The Pharisaic-Sadducean Controversies about Purity and the Qumran Texts. *JJS* 31, 157–170.

Baumgarten, J M 1991. Recent Qumran Discoveries and Halakhah in the Hellenistic-Roman Period, in Talmon 1991: 147–158.

Baumgarten, J M 1994. Josephus on Essene Sacrifice. *JJS* 45, 169–183.

Becker, J 1965. *Gottesfurcht im Alten Testament.* (AnBib 25) Rom: Päpstliches Bibelinstitut.

Bentzen, A 1952. *Daniel*. (HAT 19) Tübingen: J.C.B. Mohr.

Bergman, J, Lutzmann, H & Schmidt, W 1977. Art. דבר, in *ThWAT* II, 89–133.

Bergmeier, R 1993. *Die Essener-Berichte des Flavius Josephus. Quellenstudien zu den Essenertexten im Werk des jüdischen Historiographen.* Kampen: Kok Pharos Publishing House.

Berlejung, A & Heckl, R (Hrsg) 2008. *Mensch und König. Studien zur Anthropologie des Alten Testaments*. (HBS 53) Freiburg: Herder.

Betz, H D 1996. Zum Problem des religionsgeschichtlichen Verständnisses der Apokalyptik. *ZThK* 63, 391–409.

Betz, O 1960. *Offenbarung und Schriftforschung in der Qumransekte.* Tübingen: J.C.B. Mohr.

Betz, O 1982. Art. „Essener und Therapeuten," in *TRE* 10, 386–391.

Bianchi, F 1993. The Language of Qohelet: A Bibliographical Survey. *ZAW*

105, 210–223.

Bickermann, E 1937. *Der Gott der Makkabäer. Untersuchungen über Sinn und Ursprung der Makkabäischen Erhebung.* Berlin: Schocken Verlag.

Blenkinsopp, J 1995. Ecclesiastes 3.1–15: Another Interpretation. *JSOT* 66, 55–64.

Boda, M J et al (eds) 2013. *The Words of the Wise Are like Goads: Engaging Qohelet in the 21st Century*. Winona Lake: Eisenbrauns.

Bohlen, R 1997. Kohelet im Kontext hellenistischer Kultur, in Schwienhorst-Schönbeger 1997a: 249–273.

Bons, E 1984. Zur Gliederung und Kohärenz von Koh 1,12–2,11. *BN* 24, 73–93.

Bons, E 1987. *šiddāh w^{e}šiddôt*. Überlegungen zum Verständnis eines Hapaxlegomenon. *BN* 36, 12–16.

Bons, E 1990. Ausgewählte Literatur zum Buch Kohelet. *BiKi* 45, 36–42.

Bons, E 1997. Das Buch Kohelet in jüdischer und christlicher Interpretation, in Schwienhorst-Schönbeger 1997a: 327–361.

Braun, R 1973. *Kohelet und die frühhellenistische Popularphilosophie.* (BZAW 130) Berlin: de Gruyter.

Brooke, G J 1981. Qumran Pesher: Towards the Redefinition of a Genre. *RdQ* 10, 483–503.

Brooke, G J 1985. *Exegesis at Qumran. 4QFlorilegium in its Jewish Context.* (JSOTS 29) Sheffield: JSOT Press.

Brooke, G J 1987. The Biblical Texts in the Qumran Commentaries: Scribal Errors or Exegetical Variants? in Evans & Stinespring 1987: 85–100.

Brooke, G J 1993. Torah in the Qumran Scrolls, in Merklein, Müller & Stemberger 1993: 97–120.

Broshi, M 1993. Die archäologische Erforschung Qumrans, in Bauer, Fink & Galter 1993: 63–72.

Brownlee, W H 1951. Biblical Interpretation among the Sectaries of the Dead Sea Scrolls. *BA* 14, 54–76.

Brownlee, W H 1978. The Background of Biblical Interpretation at Qumran, in Delcor 1978: 183–193.

Bruce, F F 1959. *Biblical Exegesis in the Qumran Texts*. Grand Rapids: Eerdmans.

Bruce, F F 1971. Art. "Ascetism (Sectarian Ascetism)," in *Encyclopaedia Judaica* 3, 680–682.

Bundvad, M 2015. *Time in the Book of Ecclesiastes*. Oxford: Oxford University Press.

Cansdale, L 1997. *Qumran and the Essenes: A Re-Evaluation of the Evidence.* Tübingen: J.C.B. Mohr.

Carmignac, J 1978. Der Begriff „Eschatologie," in der Bibel und in Qumran, in H D Preuß (Hrsg), *Eschatologie im Alten Testament.* (WdF 480), 306–324 (übersetzt von Kremeyer, J). Darmstadt: Wissenschaftliche Buchgesellschaft.

Castellino, G R 1968. Qohelet and His Wisdom. *CBQ* 30, 15–28.

Cazelles, H 1977. Art. הלל, in *ThWAT* II, 441–444.

Collins, J J 1975a. Jewish Apocalyptic against its Hellenistic Near Eastern Environment. *BASOR* 220, 27–36.

Collins, J J 1975b. The Court-Tales in Daniel and the Development of Apocalyptic. *JBL* 94, 218–234.

Collins, J J 1975c. The Mythology of Holy War in Daniel and the Qumran War Scroll: A point of Transition in Jewish Apocalyptic. *VT* 25, 596–613.

Collins, J J 1978. The Root of Immortality: Death in the Context of Jewish Wisdom. *HThR* 71, 77–192.

Collins, J J 1979a. Introduction: Towards the Morphology of a Genre. *Semeia* 14, 1–20.

Collins, J J 1979b. The Jewish Apocalypses. *Semeia* 14, 21–59.

Collins, J J 1983. The Genre Apocalypse in Hellenistic Judaism, in Hellholm 1983: 531–548.

Collins, J J 1984a. *Daniel with an Introduction to Apocalyptic Literature.* (The Forms of the Old Testament Literature, Vol.20). Grand Rapids: Eerdmans.

Collins, J J 1984b. *The Apocalyptic Imagination. An Introduction to the Jewish Matrix of Christianity.* New York: Crossroad.

Collins, J J 1985. Daniel and His Social World. *Interpretation* 39, 131–143.

Collins, J J 1989. The Origin of the Qumran Community: A Review of the Evidence, in M P Horgan & P J Kobelski (eds), *To Touch the Text. Biblical and Related Studies in Honor of Joseph A. Fitzmyer, S.J.*, 159–

178. New York: Crossroad.

Collins, J J 1990. The Sage in the Apocalyptic and Pseudepigraphic Literature, in Gammie & Perdue 1990: 343–354.

Collins, J J 1992a. Art. "Apocalypses and Apocalypticism" (Early Jewish Apocalypticism), in *ABD* 1, 282–288.

Collins, J J 1992b. Art. "Book of Daniel," in *ABD* 2, 29–37.

Collins, J J 1992c. Art. "Dead Sea Scroll," in *ABD* 2, 85–101.

Collins, J J 1992d. Art. "Essenes," in *ABD* 2, 619–626.

Collins, J J 1993. Stirring up the Great Sea: The Religio-Historical Background of Daniel 7, in Van der Woude 1993: 121–136.

Collins. J J 1995. The Origin of Evil in apocalyptic Literature and the Dead Sea Scrolls. *VTS* 61, 25–38.

Collins, J J 1996. Wisdom, Apocalypticism and the Dead Sea Scrolls, in Diesel et al 1996: 19–32.

Crenshaw, J L 1978. The Shadow of Death in Qohelet, in Gammie, Brueggemann, et al 1978: 205–216.

Crenshaw, J L 1981. Wisdom and Authority: Sapiental Rhetoric and its Warrants. *VTS* 32, 10–29.

Crenshaw, J L 1986. The Expression mî yōdēa' in the Hebrew Bible. *VT* 36, 274–288.

Crenshaw, J L 1992. Art. "Riddle," in *ABD* 5, 721–723.

Crenshaw, J L 1998. Qohelet's Understanding of Intellectual Inquiry, in Schoors 1998a: 205–224.

Cross, F M 1955. The Oldest Manuscripts from Qumran. *JBL* 74, 147–172.

Cross, F M 1973. *Canaanite Myth and Hebrew Epic.* Cambridge: Harvard University Press.（『カナン神話とヘブライ叙事詩』輿石勇訳、日本キリスト教団出版局、1997。）

Cross, F M [1958] 1995. *The Ancient Library of Qumran*. Sheffield: Sheffield Academic Press.

Crüsemann, F 1979. Die unveränderbare Welt. Überlegungen zur „Krisis der Weisheit" beim Prediger (Kohelet), in W Schottroff & W Stegemann (Hrsg), *Der Gott der kleinen Leute. Sozialgeschichtliche Auslegungen,* 80–104. München: Chr. Kaiser Verlag.（「変革不能な世界——伝道者（コーヘレス）における『知恵の危機』に関する考察」W. ショットロフ／

W. シュテーゲマン編『いと小さき者の神 旧約篇』柏井宣夫訳、新教出版社、1981、119–165。)

Crüsemann, F 1980. Hiob und Kohelet. Ein Beitrag zum Verständnis des Hiobbuches, in R Albertz, H-P Müller, H W Wolff & W Zimmerli (Hrsg), *Werden und Wirken des Alten Testaments (FS. C. Westermann)*, 373–393. Göttingen/ Neukirchen-Vluyn: Vandenhoeck & Ruprecht/ Neukirchener.

Dahood, N 1952. Canaanite-Phoenician Influence in Qoheleth. *Bib* 33, 30–52; 191–221.

Dahood, N 1958. Qoheleth and Recent Discoveries. *Bib* 39, 302–318.

Dahood, N 1966. The Phoenician Background of Qoheleth. *Bib* 47, 264–282.

Davies, G I 1995. Were There Schools in Ancient Israel? in Day, Gordon & Williamson 1995: 199–211.

Davies, P R 1985. Eschatology at Qumran. *JBL* 104, 39–55.

Davies, P R 1992. The Prehistory of the Qumran Community, in Dimant & Rappaport 1992: 116–125.

Davies. P R 1993. Reading Daniel Sociologically, in Van der Woude 1993: 345–361.

Davies, W D & Finkelstein, L (eds) 1989. *The Cambridge History of Judaism,* Vol.II: The Hellenistic Age. Cambridge: Cambridge University Press.

Day, J, Gordon, R P & Williamson, H G M (eds) 1995. *Wisdom in Ancient Israel: Essays in Honour of J. A. Emerton,* 83–93. Cambridge: Cambridge University Press.

Delcor, M (ed) 1978. *Qumrân*. (BEThL 46) Leuven: Leuven University Press.

Dell, K J 1994. Ecclesiastes as Wisdom: Consulting Early Interpreters. *VT* 44, 301–329.

Delsman, W C et al (Hrsg) 1982. *Von Kanaan bis Kerala (FS. J. P. M. van der Ploeg).* (AOAT 211) Neukirchen-Vluyn: Neukirchener.

Delsman, W C 1982. Zur Sprache des Buches Koheleth, in Delsman et al 1982: 341–365.

Dexinger F 1993. 45 Jahre Qumran – ein kritischer Forschungsbericht, in Bauer, Fink & Galter 1993: 29–62.

Diesel, A A et al 1996. *„Jedes Ding hat seine Zeit..." Studien zur israelitischen und altorientalischen Weisheit (FS. D. Michel)*. (BZAW 241) Berlin: de

Gruyter.

Dimant, D 1991. Literary Typologies and Biblical Interpretation in the Hellenistic-Roman Period, in Talmon 1991: 73–80.

Dimant, D 1992. Art. "Pesharim, Qumran," in *ABD* 5, 244–251.

Dimant, D 1993. The Seventy Weeks Chronology (Dan 9,24–27) in the Light of New Qumranic Texts, in Van der Woude 1993:, 57–76.

Dimant, D & Rappaport, U (eds) 1992. *The Dead Sea Scrolls: Forty Years of Research*. Leiden: Brill.

Dohmen, Chr 1992. Der Weisheit letzter Schluß? Anmerkungen zur Übersetzung und Bedeutung von Koh 12,9–14. *BN* 63, 12–18.

Dohmen, Chr & Oeming, M 1992. *Biblischer Kanon. Warum und wozu? Eine Kanontheologie.* Freiburg-Basel-Wien: Herder.

Dohmen, Chr & Stemberger, G 1996. *Hermeneutik der Jüdischen Bibel und des Alten Testament.* (Kohlhammer-Studienbücher Theologie, Bd.1, 2) Stuttgart: Kohlhammer.

Ehlich, K 1996. הבל. Metaphern der Nichtigkeit, in Diesel et al 1996: 49–64.

Eising, H 1977. Art. זכר, in *ThWAT* II, 571–593.

Eißfeldt, O 1951. Die Menetekel-Inschrift und ihre Deutung, in *ZAW* 63, 105–114 = Kleine Schriften, 3.Bd., 210–217 (1966). Tübingen: J.C.B. Mohr.

Evans, C A & Stinespring W F (eds) 1987. *Early Jewish and Christian Exegesis: Studies in Memory of W. H. Brownlee*. Atlanta: Scholars Press.

Fabry, H-J 1978. Die Wurzel שוב in der Qumranliteratur, in Delcor 1978: 285–293.

Fabry, H-J 1989. Art. קהל, in *ThWAT* VI, 1204–1222.

Fabry, H-J 1993. Schriftverständnis und Schriftauslegung der Qumran-Essener, in Merklein, Müller & Stemberger 1993: 87–96.

Fabry, H-J & Dahmen, U 1989. Art. פתר, in *ThWAT* VI, 810–816.

Finkel, A 1964. The Pesher of Dreams and Scriptures. *RdQ* 4, 357–370.

Fischer, A A 1991. Beobachtungen zur Komposition von Kohelet 1,3–3,15. *ZAW* 103, 72–86.

Fischer, A A 1997. *Skepsis oder Furcht Gottes? Studien zur Komposition und Theologie des Buches Kohelet*. (BZAW 247). Berlin: Walter de Gruyter.

Fischer, A A 1998. Kohelet und die frühe Apokalyptik. Eine Auslegung von Koh 3,16–21, in Schoors 1998a: 339–356.

Fishbane, M 1985. *Biblical Interpretation in Ancient Israel*. Oxford: Clarendon Press.

Fishbane, M 1988. Use, Authority and Interpretation of Mikra at Qumran, in M J Mulder (ed), *MIKRA,* 339–377. Assen: Van Gorcum

Fishbane, M 1990. From Scribalism to Rabbinism: Perspectives on the Emergence of Classical Judaism, in Gammie & Perdue 1990: 439–456.

Fleischer, G 1986. Art. סכל, in *ThWAT* V, 856–859.

Fox, M V 1977. Frame Narrative and Composition in the Book of Qohelet. *HUCA* 48, 83–106.

Fox, M V 1988. Qohelet 1.4. *JSOT* 40, 109.

Fox, M V 1989. *Qohelet and his Contradictions*. (JSOTS 71) Sheffield: Almond Press.

Fox, M V 1998. The Inner-Structure of Qohelet's Thought, in Schoors 1998a: 225–238.

Fox, M V 1999. *A Time to Tear Down and a Time to Build Up: A Re-Reading of Ecclesiastes*. Grand Rapids: Eerdmans.

Fredericks, D C 1988. *Qoheleth's Language: Re-evaluating its Nature and Date.* (Ancient Near Eastern Texts and Studies 3) Lewiston, New York: Edwin Mellen Press.

Fredericks, D C 1989. Chiasm and Parallel Structure in Qoheleth 5:9–6:9. *JBL* 108, 17–35.

Fredericks, D C 1991. Life's Stroms and Structural Unity in Qoheleth 11.1–12.8. *JSOT* 52, 95–114.

Fredericks, D C 1993. *Coping with Transience: Ecclesiastes on Brevity in Life.* (Biblical Seminar Series 18) Sheffield: JSOT Press.

Frendo, A 1981. The "Broken Construct Chain" in Qoh 10,10b. *Bib* 62, 544f.

Frevel, C 1993. Art. רדף, in *ThWAT* VII, 362–372.

Fröhlich, I 1992. Pesher, Apocalyptical Literature and Qumran, in *The Madrid Qumran Congress,* Vol.1 (STDJ 11,1), 295–305.

Garcia-Lopez, F 1986. Art. נגד, in *ThWAT* V, 188–201.

Galling, K 1932. Kohelet-Studien. *ZAW* 50, 276–299.

Galling, K 1961. Das Rätsel der Zeit im Urteil Kohelets (Koh 3,1–15). *ZThK* 58, 1–15.

Gamberoni, J 1984. Art. לבש, in *ThWAT* IV, 471–483.

Gamberoni, J 1994. Art. „Fasten," in Bauer 1994: 160–163.

Gammie, J G 1974. Spatial and Ethical Dualism in Jewish Wisdom and Apocalyptic Literature. *JBL* 93, 356–385.

Gammie, J G 1976. The Classification, Stages of Growth, and Changing Intentions in the Book of Daniel. *JBL* 95, 191–204.

Gammie, J G 1981. On the Intention and Sources of Daniel I-VI. *VT* 31, 282–292.

Gammie, J G 1990. The Sage in Sirach, in Gammie & Perdue 1990: 355–372.

Gammie, J G, Brueggemann, W A, et al (eds) 1978. *Israelite Wisdom (FS. S. Terrien)*, 205–216. Missoula: Scholars Press for Union Theological Seminary.

Gammie J G & Perdue L G (eds) 1990. *The Sage in Israel and the Ancient Near East*. Winona Lake: Eisenbrauns.

Gerstenberger, E S 1989. Art. עשק, in *ThWAT* VI, 441–446.

Gese, H 1974. Die Krisis der Weisheit bei Koheleth, in ders., *Vom Sinai zum Zion. Alttestamentliche Beiträge zur biblischen Theologie,* 168–179. München: Kaiser.

Gese, H 1996. Zur Komposition des Koheletbuches, in H Cancik (Hrsg), *Geschichte-Tradition-Reflexion (FS. M. Hengel).* Bd.I: Judentum, 69–98. Tübingen: J.C.B. Mohr.

Gianto, A 1992. The Theme of Enjoyment in Qohelet. *Bib* 73, 528–532.

Giesen, G 1981. *Die Wurzel* שׁבע *„schwören". Eine semasiologische Studie zum Eid im Alten Testament.* (BBB 56) Bonn: Peter Hanstein.

Gilbert, M (ed) 1979. *La Sagesse de l'Ancien Testament.* (BEThL 51) Leuven: Leuven University Press.

Gilbert, M 1998. Qohelet et Ben Sira, in Schoors 1998a: 161–180.

Ginberg, H L 1955. The Structure and Contents of the Book of Koheleth, in Noth & Winton Thomas 1955: 138–149.

Goldingay, J 1993. Story, Vision, Interpretation: Literary Approaches to Daniel, in Van der Woude 1993: 295–314.

Goldstein, J A 1989. The Hasmonean Revolt and Hasmonean Dynasty, in Davies & Finkelstein 1989: 292–351.

Good, E M 1978. The Unfilled Sea: Style and Meaning in Ecclesiastes 1.2–11, in Gammie, Brueggemann, et al 1978: 59–73.

Gordis, R 1939/40. Quotations in Wisdom Literature. *JQR* 30, 123–147.

Gordis, R 1943/44. The Social Background of Wisdom-Literature. *HUCA* XVIII, 77–118.

Gordis, R 1955. *Koheleth: The Man and his World.* New York: Schocken Books.

Gordis, R 1960. Qohelet and Qumran: A Study of Style. *Bib* 41, 395–410.

Görg M 1977. Art זהר, in *ThWAT* II, 544–550.

Görg, M 1997. Zu einer bekannten Paronomasie in Koh 2,8. *BN* 90, 5–7.

Golb, N 1985. Who Hid the Dead Sea Scrolls? *BA* 48, 68–82.

Grabbe, L L 1987. "The End of the Desolations of Jerusalem": From Jeremiah's 70 Years to Daniel's 70 Weeks of Years, in Evans & Stinespring 1987: 67–72.

Greenstein, E L 1992. Art. "Wordplay," in *ABD* 6, 968–971.

Gretler, T 2004. *Zeit und Stunde. Theologische Zeitkonzepte zwischen Erfahrung und Ideologie in den Büchern Kohelet und Daniel*. Zürich: Theologischer Verlag Zürich.

Haag, E 1986. Seele und Unsterblichkeit in biblischer Sicht, in W Breuning (Hrsg), *Seele. Problembegriff christlicher Eschatologie*, 31–93. Freiburg: Herder.

Haag, E 1993. *Daniel.* (NEB) Würzburg: Echter.

Hamp, V 1973. Art. ברר, in *ThWAT* I, 841–845.

Hamp, V 1977. Art. חידה, in *ThWAT* II, 870–874.

Hanson, P D 1979. *The Dawn of Apocalyptic: The Historical and Sociological Roots of Jewish Apocalyptic Eschatology*. Philadelphia: Fortress Press.

Hanson, P D 1992. Art. "Apocalypses and Apocalypticism" (The Genre. Introductory Overview), in *ABD* 1, 279–282.

Harrison Jr, C R 1997. Qoheleth among the Sociologists, in *Biblical Interpretation* 5, 160–180.

Hartman, L 1983. Survey of the Problem of Apocalyptic Genre, in Hellholm 1983: 329–343.

Hartman, L F & Di Lella, A A 1978. *The Book of Daniel.* (AB 23) New York: Doubleday.

Hasel, G F 1982. Art. ינע, in *ThWAT* III, 413–420.

Hayman, A P 1991. Qohelet and the Book of Creation. *JSOT* 50, 93–111.

Hellholm, D (Hrsg) 1983. *Apocalypticism in the Mediterranean World and the Near East*. Tübingen: J.C.B. Mohr.

Hengel, M 1978. Qumran und der Hellenismus, in Delcor 1978: 333–372.

Hengel, M 1988. *Judentum und Hellenismus. Studien zu ihrer Begegnung unter besonderer Berücksichtigung Palästinas bis zur Mitte des 2. Jh. v. Chr.* (WUNT 10) Tübingen: J.C.B. Mohr. (『ユダヤ教とヘレニズム』長窪専三訳、日本キリスト教団出版局、1983。)

Hengel, M 1989. The Political and Social History of Palestine from Alexander to Antiochus III (333–187 B.C.E.), in Davies & Finkelstein 1989: 35–78.

Hertzberg, H W 1957. Palästinische Bezüge im Buche Kohelet. *ZDPV* 7, 113–124.

Hilton, M 1995. Babel Reversed: Daniel Chapter 5. *JSOT* 66, 99–112.

Holm-Nielsen, S 1974. On the Interpretation of Qoheleth in Early Chritianity. *VT* 24, 168–177.

Holmstedt, R D, Cook, J A, et al 2017. *Qoheleth. A Handbook on the Hebrew Text.* Waco: Baylor University Press.

Holzer, P-J 1981. *Der Mensch und das Weltgeschehen nach Koh 1,4–11. Eine Textanalyse*. Regensburg.

Homan, M M 2002. Beer Production by Throwing Bread into Water: A New Interpretation of Qoh. XI 1–2. *VT* L11, 275–276.

Horgan, M P 1979. *Pesharim: Qumran Interpretation of Biblical Books*. (CBQMS 8) Washington: Catholic Biblical Association of America.

Horton, F L 1971. Formulas of Introduction in the Qumran Literature. *RdQ* 7, 505–514.

Hossfeld, F-L 1997. Die theologische Relevanz des Buches Kohelet, in Schwienhorst-Schönberger 1997a: 367–389..

Hurvitz, A 1982. The History of a legal Formula kōl ’ašer-ḥāpēṣ ‘āśāh (Psalms CXV 3, CXXXV 6). *VT* 32, 257–267.

In der Smitten, W Th 1977. Art. חמור, in *ThWAT* II, 806–812.

Isaksson, B 1987. *Studies in the Language of Qoheleth: With Special Emphasis on the Verbal System.* Stockholm: Almqvist & Wiksell International.

Janowski, B 1994. Die Tat kehrt zum Täter zurück. Offene Fragen im Umkreis des „Tun-Ergehen-Zusammenhangs.“ *ZThK* 91, 247–271.

Jeppsen, K, Nielsen, K, et al (eds) 1994. *In the Last Days: On Jewish and Christian Apocalyptic and its Period (FS. B. Otzen).* Aarhus: Aarhus University Press.

Jeremias, J & Perlitt, L (Hrsg) 1981. *Die Botschaft und die Boten (FS. H. W. Wolff)*, 393–401. Neukirchen-Vluyn: Neukirchener.

Johnson, B 1986. Art. משׁפט, in *ThWAT* V, 83–107.

Jong, S de 1992. A Book on Lavour: The Structuring Principals and the Main Theme of the Book of Qohelet. *JSOT* 54, 107–116.

Jong, S de 1994. Qohelet and the Ambitious Spirit of the Ptolemaic Period. *JSOT* 61, 85–96.

Jong, S de 1997. God in the Book of Qohelet: A Reappraisal of Qohelet's Place in Old Testament Theology. *VT* 47, 154–167.

Jonston, R K 1976. "Confessions of a Workaholic": A Reappraisal of Qoheleth. *CBQ* 38, 14–28.

Kaiser, O 1984. Von Gott als Grenze der Selbstverwirklichung und dem für den Menschen möglichen Glück, oder Aus den Blättern des Predigers Salomo, in ders., *Ideologie und Glaube. Eine Gefährdung christlichen Glaubens am alttestamentlichen Beispiel aufgezeigt*, 111–142.

Kaiser, O 1985a. *Der Mensch unter dem Schicksal. Studien zur Geschichte, Theologie und Gegenwartsdeutung der Weisheit*. (BZAW 161) Berlin: de Gruyter.

Kaiser, O 1985b. Die Sinnkrise bei Kohelet, in Kaiser 1985a: 91–109.

Kaiser, O 1985c. Die Zukunft der Toten nach den Zeugnissen der alttestamentliche-frühjüdischen Religion, in Kaiser 1985a: 182–195.

Kaiser, O 1985d. Gottesgewißheit und Weltbewußtsein in Kaiser 1985a: 122–134.

Kaiser, O 1985e. Judentum und Hellenismus. Ein Beitrag zur Frage nach dem hellenistischen Einfluß auf Kohelet und Jesus Sirach, in Kaiser 1985a: 135–153.

Kaiser, O 1987. Schicksal, Leid und Gott. Ein Gespräch mit dem Kohelet, Prediger Salomo, in M Oeming & A Graupner (Hrsg) *Altes Testament und christliche Verkündigung (FS. A. H. J. Gunneweg)*, 30–51. Stuttgart: Kohlhammer.

Kaiser, O 1989. Determination und Freiheit beim Kohelet/ Prediger Salomo und in der Frühen Stoa. *NZSTh* 31, 251–270.

Kaiser, O 1994. *Grundriß der Einleitung in die kanonischen und deuterokanonischen Schriften des Alten Testaments,* Bd.3: Die poetischen und weisheitlichen Werke. Gütersloh: Gütersloher Verlagshaus Gerd Mohn.

Kaiser, O 1995a. Beiträge zur Kohelet-Forschung. *ThR* 60, 1–31. 233–253.

Kaiser, O 1995b. Die Botschaft des Buches Kohelet. *EThL* 71, 48–70.

Kaiser, O 1995c. Qoheleth, in Day, Gordon & Williamson 1985: 83–93.

Kaiser, O 1998. *Gottes und der Menschen Weisheit. Gesammelte Aufsätze.* (BZAW 261) Berlin: de Gruyter.

Kamano, N 2002. *Cosmology and Character: Qohelet's Pedagogy from a Rhetorical-Critical Perspective*. (BZAW 312) Berlin: de Gruyter.

Kellermann, U 1976. Überwindung des Todesgeschicks in der alttetamentlichen Frömmigkeit vor und neben den Auferstehungsglauben. *ZThK* 73, 259–282.

Kieweler, H V 1994. Art. „Armut/Reichtum," in Bauer 1994: 48–52.

Kippenberg, H G 1978. *Religion und Klassenbildung im antiken Judäa. Eine religionssoziologische Studie zum Verhältnis von Tradition und gesellschaftlicher Entwicklung.* (StUNT 14) Göttingen: Vandenhoeck & Ruprecht.（『古代ユダヤ社会史』奥泉康弘／紺野馨訳、教文館、1986。）

Kister, M 1992. Biblical Phrases and Hidden Biblical Interpretations and Pesharim, in Dimant & Rappaport 1992: 27–39.

Klein, Ch 1994. *Kohelet und die Weisheit Israels: Eine formgeschichtliche Studie.* (BWANT 132) Stuttgart: Kohlhammer.

Klopfenstein, M A 1972. Die Skepsis des Qohelet. *ThZ* 28, 97–109.

Klopfenstein, M A 1991. Kohelet und die Freude am Dasein. *ThZ* 47, 97–107.

Koch, K 1966. Die Apokalyptik und ihre Zukunftserwartungen, in Schultz 1966: 51–58.

Koch, K 1970. *Ratlos vor der Apokalyptik. Eine Streitschrift über ein vernachlässigtes Gebiet der Bibelwissenschaft und die schädlichen Auswirkungen auf Theologie und Philosophie*. Gütersloh: Gütersloher Verlagshaus Gerd Mohn.（『黙示文学の探求』北博訳、日本キリスト教団出版局、1998。）

Koch, K 1972. Gibt es ein Vergeltungsdogma im Alten Testament?, in ders. (Hrsg), *Um das Prinzip der Vergeltung in Religion und Recht des Alten*

Testaments (WdF 125), 130–180. Darmstadt: Wissenschaftliche Buchgesellschaft.

Koch, K 1982a. „Adam, was hast Du getan?" Erkenntnis und Fall in der zwischentestamentlichen Literatur, in T Rendtorff (Hrsg), *Glaube und Toleranz. Das theologische Erbe der Aufklärung*, 211–242. Gütersloh: Gütersloher Verlagshaus Gerd Mohn.

Koch, K 1982b. Einleitung, in Koch & Schmidt 1982: 1–29.

Koch, K 1982c. Spätisraelitisches Geschichtsdenken am Beispiel des Buches Daniel, in Koch & Schmidt 1982: 276–310.

Koch, K 1983. Vom profetischen zum apokalyptischen Visionsbericht, in Hellholm 1983: 413–446.

Koch, K 1985. Is Daniel Also Among the Prophets? *Interpretation* 39, 117–130. = Gesammelte Aufsätze, Bd.2, 1995: 1–15. Neukirchen-Vluyn: Neukirchener.

Koch, K 1987. Die Bedeutung der Apokalyptik für die Interpretation der Schrift, in M Klopfenstein, U Luz, et al (Hrsg), *Mitte der Schrift? Ein jüdisch-christliches Gespräch. Texte des Berner Symposions vom 6.-12. Januar 1985*, 185–216. Bern: Peter Lang = Gesammelte Aufsätze, Bd.2, 1995: 16–45. Neukirchen-Vluyn: Neukirchener.

Koch, K 1993. Heilserwartung zwischen Altem und Neuem Testament – das apokalyptische Schrifttum der Zeitenwende, in Bauer, Fink & Galter 1993: 205–216.

Koch, K 2003. Das Geheimnis der Zeit in Weisheit und Apokalzptik um die Zeitenwende, in Martinez 2003: 35–68.

Koch, K, Niewisch, T & Tubach, J 1980. *Das Buch Daniel*. (EdF 144) Darmstadt: Wissenschaftliche Buchgesellschaft.

Koch, K & Schmidt, J M (Hrsg) 1982. *Apokalyptik*. (WdF 365) Darmstadt: Wissenschaftliche Buchgesellschaft.

Koenen, K 1993. Art. שׂכל, in *ThWAT* VII, 781–795.

Koenen, K 1994. Zu den Epilogen des Buches Qohelet. *BN* 72, 24–27.

Kotjatko-Reeb, J 2014. Koh 3,1–8 – Infinitive und Verbalnomina nach dem Zeitnomen עת im Hebräischen, in J Kotjatko-Reeb et al (Hrsg), *Nichts Neues unter der Sonne? Zeitvorstellungen im Alten Testament* (BWAW 450), 55–74. Berlin: Walter de Gruyter.

Kottsieper, I 1990. Rez. zu „D. C. Fredericks, Qohelet's Language: Re-evaluating its Nature and Date.“ *ZAW* 102, 148f.

Kottsieper, I 1993. Art. שׂבע, in *ThWAT* VII, 974–1000.

Kottsieper, I 2002. Alttestamentliche Weisheit. Proverbia und Kohelet (II). *ThR* 67, 226–237.

Kraus, H-J 1972. Hören und Sehen in der althebräischen Tradition, in ders., *Biblisch-theologische Aufsätze,* 84–101. Neukirchen-Vluyn: Neukirchener.

Kronholm, T 1982. Art. יתר, in *ThWAT* III, 1079–1090.

Kronholm, T 1995. Art. שׁנה, in *ThWAT* VIII, 318–324.

Krüger, Th 1990. *Theologische Gegenwartsdeutung im Kohelet-Buch*. München.

Krüger, Th 1992. „Frau Weisheit“ in Koh 7,26? *Bib* 73, 394–403.

Krüger, Th 1994. Qoh 2,24–26 und die Frage nach dem „Guten“ im Qohelet-Buch. *BN* 72, 70–84.

Krüger, Th 1996. Dekonstruktion und Rekonstruktion prophetischer Eschatologie im Qohelet-Buch, in Diesel et al 1996: 107–129.

Krüger, Th 1997a. Das Gute und die Güter. Erwägungen zur Bedeutung von טוב und טובה im Qoheletbuch. *ThZ* 53, 53–63.

Krüger, Th 1997b. Die Rezeption der Tora im Buch Kohelet, in Schwienhorst-Schönberger 1997a: 303–326.

Krüger, Th 1997c. Wertvoller als Weisheit und Ehre ist wenig Torheit (Kohelet 10,1). *BN* 89, 62–75.

Kugel, J L 1989. Qohelet and Money. *CBQ* 51, 2–49.

Kugel, J L & Greer, R A 1986. *Early Biblical Interpretation*. (Library of Early Christianity 3) Philadelphia: Westminster Press.

Kutschera, F 1997. Kohelet:. Leben im Angesicht des Todes, in Schwienhorst-Schönberger 1997a: 363–376.

Lacocque, A 1993. The Socio-Spiritual Formative Milieu of the Daniel Apocalypse, in Van der Woude 1993: 315–344.

Lang, B 1979a. Ist der Mensch hilflos? *ThQ* 159, 109–124.

Lang, B 1979b. Schule und Unterricht im alten Israel, in Gilbert 1979: 186–201.

Lang, B 1981. Rez. zu „J. A. Loader, Polar Structures in the Book of Qohelet

(BZAW 152)" und „C. F. Whitley, Koheleth: His Language and Thought (BZAW 148)." *Bib* 62, 428–435.

Lange, A, 1991. *Weisheit und Torheit bei Kohelet und in seiner Umwelt. Eine Untersuchung ihrer theologischen Implikationen.* Frankfurt a.M.: Peter Lang.

Lange, A 1995. *Weisheit und Prädestination. Weisheitliche Urordnung und Prädestination in den Textfunden von Qumran*. (StTDJ 18) Leiden: Brill.

Lange, A 1997. Art. „Qumran," in *TRE* 28, 45–65.

Lange, A 1998. In Diskussion mit dem Tempel. Zur Auseinandersetzung zwischen Kohelet und weisheitlichen Kreisen am Jerusalemer Tempel, in Schoors 1998a: 113–160.

Lauha, A 1955. Die Krise des religiösen Glaubens bei Kohelet, in Noth & Winton Thomas 1955: 183–191.

Lauha, A 1981. Kohelets Verhältnis zur Geschichte, in Jeremias & Perlitt 1981: 393–401.

Lebram, J C H 1970. Apokalyptik und Hellenismus im Buch Daniel. Bemerkungen und Gedanken zu Martin Hengels Buch über „Judentum und Hellenismus." *VT* 20, 503–524.

Lebram, J C H 1975. König Antiochus im Buch Daniel. *VT* 25, 737–772.

Lebram, J C H 1978. Art. „Apokalyptik II. Altes Testament," in *TRE* 3, 192–202.

Lebram, J C H 1981. Art. „Daniel/ Danielbuch," in *TRE* 8, 325–349.

Lebram, J C H 1983. The Piety of the Jewish Apocalyptists, in Hellholm 1983: 171–210.

Lebram, J C H 1984. Das Buch Daniel. (ZBK 23) Zürich: Theologischer Verlag Zürich.

Lemaire, A 1990. The Sage in school and Temple, in Gammie & Perdue 1990: 165–181.

Leuenberger, M 2014. „Gott ist im Himmel und du auf der Erde" (Koh 5,1). Exegetische und theologische Überlegungen zur Gottesvorstellung (nicht nur) nach Kohelet. *BZ* 58, 211–238.

Levine, B 1984. Art. מצוה, in *ThWAT* IV, 1085–1095.

Levine, E 1990. Qohelet's Fool: A Composite portrait, in Y T Radday & A Brenner (eds), *On Humour and the Comic in the Hebrew Bible* (JSOTS

92), 277–294. Sheffield: JSOT Press.

Levine, E 1997. The Humor in Qohelet. *ZAW* 109, 71–83.

Levy, L 1912. *Das Buch Qoheleth. Ein Beitrag zur Geschichte des Sadduzäismus*. Leipzig: Hinrichs.

Lichtenberger, H 1997. Art."Qumran," in *TRE* 28, 65–79.

Liedke, G 1984. Art. שפט, in *THAT* II, 999–1009.

Loader, J A 1969. Qohelet 3,2–8. A "Sonnet" in the Old Testament. *ZAW* 81, 240–242.

Loader, J A 1979. *Polar Structures in the Book of Qohelet.* (BZAW 152) Berlin: de Gruyter.

Loewenclau, I v 1986. Kohelet und Sokrates – Versuch eines Vergleiches. *ZAW* 98, 327–338.

Lohfink, N 1979. War Kohelet ein Frauenfeind? Ein Versuch, die Logik und den Gegenstand von Koh. 7,23–8,1a herauszufinden, in Gilbert 1979: 259–287.

Lohfink, N 1981a. Rez. zu „C. F. Whitley, Koheleth: His Language and Thought." *BZ* 25, 114f.

Lohfink, N 1981b. Rez. zu „J. A. Loader, Polar Structures in the Book of Qohelet." *BZ* 25, 112f.

Lohfink, N 1982. melek, salit und môsel bei Kohelet und die Abfassungszeit des Buches. *Bib* 62, 535–543.

Lohfink, N 1983. Warum ist der Tor unfähig, böse zu handeln? (Koh 4,17), *ZDMG.S* 5, 113–120.

Lohfink, N 1985. Die Wiederkehr des immer Gleichen. Eine frühe Synthese zwischen griechischem und jüdischem Weltgefühl in Kohelet 1,4–11. *AF* 53, 125–149.

Lohfink, N 1987. Gegenwart und Ewigkeit. Die Zeit im Buch Kohelet. *GuL* 60, 2–12.

Lohfink, N 1989a. Koh.1,2 „alles ist Windhauch" – universale oder anthropologische Aussage?, in R Mosis & L Ruppert (Hrsg), *Der Weg zum Menschen (FS. A. Deissler),* 201–216. Freiburg: Herder.

Lohfink, N 1989b. Kohelet und die Banken. Zur Übersetzung von Kohelet V 12–16. *VT* 39, 488–495.

Lohfink, N 1990a. Das „Poikilometron." *BiKi* 45, 19.

Lohfink, N 1990b. „Freu dich, junger Mann..." Das Schlußgedicht des Koheletbuches (Koh.11,9–12,8). *BiKi* 45, 12–19.

Lohfink, N 1990c. Qoheleth 5.17–19 – Revelation by Joy. *CBQ* 52, 625–635.

Lohfink, N 1990d. Von Windhauch, Gottesfurcht und Gottes Antwort in der Freude. *BiKi* 45, 26–32.

Lohfink, N 1994. Grenzen und Einbindung des Kohelet-Schlußgedichts, in P Mommer & W Tiel (Hrsg), *Altes Testament. Forschung und Wirkung (FS. H. G. Reventlow)*, 33–46. Frankfurt a.M.: Lang.

Lohfink, N 1995. „Freu dich, Jüngling – doch nicht, weil du jung bist." Zum Formproblem im Schlussgedicht Kohelets (Koh 11,9–12,8). *Biblical Interpretation* 3, 158–189.

Lohfink, N 1996. Zu einigen Satzeröffnungen im Epilog des Koheletbuches, in Diesel et al 1996: 131–147.

Lohfink, N 1997. Das Koheletbuch. Strukturen und Struktur, in Schwienhorst-Schönberger 1997a: 39–122.

Lohfink, N 1998a. *Studien zu Kohelet*. (SBAB 26) Stuttgart: Verlag Katholisches Bibelwerk.

Lohfink, N 1998b. Ist Kohelets הבל–Aussage erkenntnistheoretisch gemeint?, in Schoors 1998a: 41–60.

Lohse, E 1966. Tempel und Synagoge, in Schultz 1966: 66–72.

Longman III, T 2013. Determining the historical Context of Ecclesiastes, in Boda et al 2013: 89–102.

Loretz, O 1964. *Qohelet und der Alte Orient. Untersuchungen zu Stil und theologischer Thematik des Buches Qohelet*. Freiburg: Herder.

Loretz, O 1992a. Anfänge jüdischer Philosophie nach Qohelet 1,1–11 und 3,1–15. *UF* 23, 223–244.

Loretz, O 1992b. „Frau" und griechisch-jüdische Philosophie im Buch Qohelet (Qoh 7,23–8,1 und 9,6–10). *UF* 23, 245–264.

Loretz, O 1993. Poetry and Prose in the Book of Qohelet (1:1–3:22; 7:23–8:1; 9:6–10; 12:8–14), in J C Moor & W G E Watson (eds), *Verse in Ancient Near Eastern Prose* (AOAT 42), 155–189.

Lux, R 1990. „Ich, Kohelet, bin König...." Die Fiktion als Schlüssel zur Wirklichkeit in Kohelet 1,12–2,26. *EvTh* 50, 331–342.

Lux, R 1992a. *Die Weisen Israels: Meister der Sprache – Lehrer des Volks –*

Quelle des Lebens. Leipzig: Evangelische Verlagsanstalt.

Lux, R 1992b. Der „Lebenskompromiß“ – ein Wesenszug im Denken Kohelets? Zur Auslegung von Koh.7,15–18, in J Hausmann & H-J Zobel (Hrsg), *Alttestamentlicher Glaube und Biblische Theologie (FS. H. D. Preuß)*, 267–278. Stuttgart: W. Kohlhammer.

Lux, R 1997. „Denn es ist kein Mensch so gerecht auf Erden, daß er nur Gutes tue....“ Recht und Gerechtigkeit aus der Sicht des Predigers Salomo. *ZThK* 94, 263–287.

Lys, D 1979. L'Etre et le Temps. Communication de Qoheleth, in Gilbert 1979: 249–258.

Maag, V 1980. Tod und Jenseits nach dem Alten Testament, in: ders., *Kultur, Kulturkontakt und Religion. Gesammelte Studien zur allgemeinen und alttestamentlichen Religionsgeschichte,* 181–202. Göttingen: Vandenhoeck & Ruprecht.

Machinist, P 1995. Fate, miqreh, and Reason: Some Reflections on Qohelet and Biblical Thought, in Z Zevit, S Gitin & M Sokoloff (eds), *Solving Riddles and Untying Knots (FS. J. C. Greenfield)*, 159–175. Winona Lake: Eisenbrauns.

Maiberger, P 1993. Art. שׁאף, in *ThWAT* VII, 929–931.

Maier, J 1960. Zum Begriff יחד in den Texten von Qumran. *ZAW* 72, 148–166.

Maier, J 1979. Art. „Askese, Judentum“, in *TRE* 4, 199–204.

Maier, J 1985. Zum Stand der Essenerforschung. *BiKi* 40, 46–53.

Maier, J 1987. Apokalyptik im Judentum, in H Althaus (Hrsg), *Apokalyptik und Eschatologie. Sinn und Ziel der Geschichte*, 43–72. Freiburg: Herder.

Maier, J 1988. Zur Frage des biblischen Kanons im Frühjudentum im Licht der Qumranfunde, in Baldermann 1988: 135–146.

Maier, J & Schreiner, J (Hrsg) 1973, *Literatur und Religion des Frühjudentums.* Würzburg: Echter Verlag.

Maier, J & Schubert, K 1982. *Die Qumran-Essener. Texte der Schriftrollen und Lebensbild der Gemeinde.* (UTB 224) München: Ernst Reinhardt.

Marböck, J 1985. Im Horizont der Gottesfurcht. Stellungnahmen zu Welt und Leben in der alttestamentlichen Weisheit. *BN* 26, 47–70.

Marböck, J 1993. Bibeltexte aus der Wüste – Qumran und das Alte Testament, in Bauer, Fink & Galter 1993: 189–204.

Marböck, J 1997. Kohelet und Sirach, in Schwienhorst-Schönberger 1997a: 275–302.

Markert, L 1979. Art. „Askese. Altes Testament," in *TRE* 4, 198f.

Martinez, F G (ed) 2003, *Wisdom and Apocalypticism in the Dead Sea Scrolls and in the Biblical Tradition.* (BEThL 168). Leuven: Leuven University Press.

Mastin, B A 1995. Wisdom and Daniel, in Day, Gordon & Williamson 1995: 161–169.

Merklein, H Müller, K & Stemberger, G (Hrsg) 1993, *Bibel in jüdischer und christlicher Tradition (FS. J. Maier)*. (BBB 88) Frankfurt a.M: Anton Hain.

Mertens, A 1971. *Das Buch Daniel im Lichte der Texte vom Toten Meer,* (SBM 12). Würzburg: Echter.

Meyer, I 1995. Art. שמם, in *ThWAT* VIII, 241–251.

Michel, D 1988. *Qohelet.* (EdF 258) Darmstadt: Wissenschaftliche Buchgesellschaft.

Michel, D 1989. *Untersuchungen zur Eigenart des Buches Qohelet*. (BZAW 183) Berlin: de Gruyter.

Michel, D 1990a. Art. „Koheletbuch," in *TRE* 19, 345–356.

Michel, D 1990b. Gott bei Kohelet. *BiKi* 45, 32–36.

Michel, D 1990c. Kohelet und die Krise der Weisheit. *BiKi* 45, 2–6.

Michel, D 1990d. Probleme der Koheletauslegung heute. *BiKi* 45, 6–11.

Michel, D 1990e. Zur Philosophie Kohelets. *BiKi* 45, 20–25.

Michel, D 1993. Weisheit und Apokalyptik, in Van der Woude 1993: 413–434.

Michel, D 1996. Weisheit im Alten Testament. *EvErz* 48, 145–157.

Michel, D 1997. *Studien zur Überlieferungsgeschichte alttestamentlicher Texte*. (Theologische Bücherei 93). Gütersloh: Chr. Kaiser.

Michel, D 1998. „Unter der Sonne." Zur Immanenz bei Qohelet, in Schoors 1998a: 93–112.

Middendorp, Th 1973. *Die Stellung Jesu Ben Siras zwischen Judentum und Hellnismus*. Leiden: Brill.

Miller, D B 1998. Qohelet's Symbolic Use of הבל. *JBL* 117, 437–454.

Miller, D B 2000. What the Preacher Forgot: The Rhetoric of Ecclesiastes. *CBQ* 62, 215–235.

Miller, J E 1991. The Redaction of Daniel. *JSOT* 52, 115–124.

Miller Jr, P D 1988. Der Kanon in der gegenwärtigen amerikanischen Diskussion, in Baldermann 1988: 217–239.

Müller, H-P 1968. Wie sprach Qohälät von Gott? *VT* 18, 507–521.

Müller, H-P 1970. Der Begriff „Rätsel" im Alten Testament. *VT* 20, 465–489.

Müller, H-P 1972. Mantische Weisheit und Apokalyptik. *VTS* 22, 268–293.

Müller, H-P 1976. Märchen, Legende und Enderwartung. Zum Verständnis des Buches Daniel. *VT* 26, 338–350.

Müller, H-P 1978. Neige der althebräischen „Weisheit." Zum Denken Qohäläts. *ZAW* 90, 238–264.

Müller, H-P 1986. Theonome Skepsis und Lebensfreude. Zu Koh. 1,12–3,15. *BZ* 30, 1–19.

Müller, H-P 1987. Der unheimliche Gast. Zum Denken Kohelets. *ZThK* 84, 440–464.

Müller, H-P 1996. Kohelet und Amminadab, in Diesel et al 1996: 149–165.

Müller, H-P 1997. Travestien und geistige Landschaften. Zum Hitergrund einiger Motive bei Kohelet und im Hohenlied. *ZAW* 109, 557–574.

Müller, K 1973. Ansätze der Apokalyptik, in Maier & Schreiner 1973: 31–42.

Müller, K 1978. Art. „Apokalyptik III. Die jüdische Apokalyptik. Anfänge und Merkmale," in *TRE* 3, 202–251.

Müller, K 1991. *Studien zur frühjüdischen Apokalyptik*. (Stuttgarter Biblische Aufsatzbände 11) Stuttgart: Verlag Katholisches Bibelwerk.

Muilenburg, J 1954. A Qohelet Scroll from Qumran. *BASOR* 135, 20–28.

Mulder, J S M 1982. Qoheleth's Division and also its Main Point, in Delsman et al 1982: 149–159.

Münchow, Ch 1981. *Ethik und Eschatologie. Ein Beitrag zum Verständnis der frühjüdischen Apokalyptik*, Göttingen: Vandenhoeck & Ruprecht.

Murphy, R E 1982. Qohelet Interpreted: The Bearing of the Past on the Present. *VT* 32, 331–336.

Murphy, R E 1990. The Sage in Ecclesiastes and Qoheleth the Sage, in Gammie & Perdue 1990: 263–271.

Newsom, C A 1990. The Sage in the Literature of Qumran: The Functions of the Maskil, in Gammie & Perdue 1990: 373–382.

North, R 1977. Art. חדש, in *ThWAT* II, 759–780.

Noth, M 1956. *Geschichte Israels*. Göttingen: Vandenhoeck & Ruprecht.（『イスラエル史』樋口進訳、日本キリスト教団出版局、1983。）

Noth, M 1966. Das Geschichtsverständnis der alttestamentlichen Apokalyptik, in ders., *Gesammelte Studien zum Alten Testament* (Theologische Bücherei 6), 248–273. München: Kaiser.

Noth, M & Winton Thomas, D (eds) 1955. *Wisdom in Israel and in the Ancient Near East (FS. H. H. Rowley).* (VTS 3) Leiden: Brill.

Ogden, G S 1977. The "Better"-Proverb (Tob-Spruch), Rhetorical Criticism, and Qoheleth. *JBL* 96, 489–505.

Ogden, G S 1979. Qohelet's Use of the "Nothing is Better"–Form. *JBL* 98, 339–350.

Ogden, G S 1980a. Historical Allusion in Qoheleth IV 13–16? *VT* 30, 309–315.

Ogden, G S 1980b. Qoheleth IX 17–X 20. Variations on the Theme of Wisdom's Strenght and Vulnerability. *VT* 30, 27–37.

Ogden, G S 1982. Qoheleth IX 1–16. *VT* 32, 158–169.

Ogden, G S 1983. Qoheleth XI 1–6. *VT* 33, 222–230.

Ogden, G S 1984a. Qoheleth XI 7–XII 8: Qoheleth's Summons to Enjoyment and Reflection. *VT* 34, 27–38.

Ogden, G S 1984b. The Mathematics of Wisdom: Qoheleth IV 1–12. *VT* 34, 446–453.

Ogden, G S 1986. The Interpretation of דור in Ecclesiastes 1.4. JSOT 34, 91–92.

Oppenheim, A L 1956. *The Interpretation of Dreams in the Ancient Near East. With a Translation of an Assyrian Dream-Book*. Philadelphia.

Otomo, S 2002. *Kohelet und die Apokalyptik,* Bielefeld.

Otomo, S 2017. The Historical Background of the Book of Ecclesiastes: An Observation of Ecclesiastes 8:1–9. *Asia-Pacific Journal of Theological Studies,* Vol.6, 105–121.

Ottosson, M 1977. Art. חלם, in *ThWAT* II, 991–998.

Otzen, B 1975. Old Testament Wisdom Literature and Dualistic Thinking in Late Judaism. *VTS* 28, 146–157.

Peli, P H 1971. Art. "Ascetism," in *Encyclopaedia Judaica* 3, 677–680.

Perdue, L G 1990. Cosmology and the Social Order in the Wisdom Tradition, in Gammie & Perdue 1990: 457–478.

Perdue, L G 2003. Wisdom and Apocalyptic: The Case of Qoheleth, in Martinez 2003: 231–258.

Perdue, L G 2013. The Book of Qohelet "Has the Smell of the Tomb about It": Morality in Qohelet and Hellenistic Skepticism, in Boda et al 2013: 103–116.

Perry, T A 1993. *Dialogues with Kohelet. The Book of Ecclesiastes*, Pennsylvania: The Pennsylvania State University Press.

Pfeiffer, E 1965. Die Gottesfurcht im Buch Kohelet, in H G Reventlow (Hrsg), *Gottes Wort und Gottes Land (FS. H. W. Herzberg)*, 133–158. Göttingen: Vandenhoeck & Ruprecht.

Pinker, A 2010. Qohelet 3,14–15. *BZ* 54, 253–271.

Pinker, A 2011. A Reconstruction of Qohelet 10,15. *BN NF* 149, 65–83.

Pinker, A 2012. The Structure and Meaning of Qohelet 8,5–7. *BN NF* 153, 63–88.

Plath, S 1962. *Furcht Gottes. Der Begriff* ירא *im Alten Testament.* (AzTh II/2) Stuttgart..

Plöger, O 1959. *Theokratie und Eschatologie.* (WMANT 2) Neukirchen: Neukirchener Verlag.

Plöger, O 1965. *Das Buch Daniel.* (KAT 18) Gütersloh: Gütersloher Verlaghaus.

Porteous, N 1968. *Das Buch Daniel.* (ATD 23) Göttingen: Vandenhoeck & Ruprecht.

Preuß, H D 1971. *Verspottung fremder Religionen im Alten Testament*, (BWANT 92). Stuttgart: Kohlhammer.

Preuß, H D 1973. Art. בוא, in *ThWAT* I, 536–568.

Preuß, H D 1986. Art. עולם, in *ThWAT* V, 1144–1159.

Preuß, H D 1987. *Einführung in die alttestamentliche Weisheitsliteratur.* Stuttgart: Kohlhammer.

Preuß, H D 1991. *Theologie des Alten Testaments,* Bd.1: JHWHs erwählendes und verpflichtendes Handeln. Stuttgart: Kohlhammer.

Preuß, H D 1992. *Theologie des Alten Testaments,* Bd.2: Israels Weg mit JHWH. Stuttgart: Kohlhammer.

Rabinowitz, I 1973. Pêsher/Pittârôn: Its Biblical Meaning and its Significance in the Qumran Literature. *RdQ* 8, 219–232.

Rad, G von 1970. *Weisheit in Israel*. Neukirchen-Vluyn: Neukirchener.（『イスラエルの知恵』勝村弘也訳、日本キリスト教団出版局、1988。）

Rad, G von [1957] 1987a. *Theologie des Alten Testaments,* Bd.1: Die Theologie der geschichtlichen Überlieferungen Israels. München: Chr. Kaiser.（『旧約聖書神学 I』荒井章三訳、日本キリスト教団出版局、1980。）

Rad, G von [1960] 1987b. *Theologie des Alten Testaments,* Bd.2: Die Theologie der prophetischen Überlieferungen Israels. München: Chr. Kaiser.（『旧約聖書神学 II』荒井章三訳、日本キリスト教団出版局、1982。）

Reichenbach, G 2008. „Zeit und Gericht" (Koh 8,5f.). Anmerkungen zu Kohelets prophetischem Erbe, in Berlejung & Heckl 2008: 191–201.

Reif, S C 1981. Review of "C.F.Whitley, Koheleth. His Language and Thought." *VT* 31, 120–126.

Reif, S C 1982. A Reply to Dr. C. F. Whitley. *VT* 32, 346–348.

Reinert, A 2010. *Die Salomofiktion. Studien zu Struktur und Komposition des Koheletbuches*. (WMANT 126) Neukirchen-Vluyn: Neukirchener.

Reiterer, F V 1990. Deutung und Wertung des Todes durch Ben Sira, in J Zmijewski (Hrsg), *Die alttestamentliche Botschaft als Wegweisung (FS. H. Reinelt)*, 203–236. Stuttgart: Verlags Katholisches Biblewerk.

Richter, H-F 1996. Kohelets Urteil über die Frauen. Zu Koh 7,26.28 und 9,9 in ihrem Kontext. *ZAW* 108, 584–593.

Riesener, I 1996. Frauenfeindschaft im Alten Testament? Zum Verständnis von Qoh 7,25–29, in Diesel et al 1996: 193–207.

Rindge, M S 2011. Mortality and Enjoyment: The Interplay of Death and Possessions in Qoheleth. *CBQ* 73, 265–280.

Ringgren, H 1957. Art. "C. F. Whitley, Koheleth. His Language and Thought.",,Apokalyptik," in *RGG3* I, 463–466.

Ringgren, H, Illman, K-J & Fabry, H-J 1984. Art. מות, in *ThWAT* IV, 763–787.

Rose, M 1997. Querdenken mit und über Qohelet. *ThZ* 53, 83–96.

Rosendal, B 1994. Popular Wisdom in Qohelet, in Jeppesen, Nielsen, et al 1994: 121–127.

Rössler, D 1997. *Gesetz und Geschichte. Untersuchungen zur Theologie der jüdischen Apokalyptik und der pharisäischen Orthodoxie.* (WMANT 3) Neukirchen-Vluyn: Neukirchener.

Rosso-Ubigli, L 1983. Qohelet di fronte all'apokalittica. *Henoch* 5, 209–234.

Rousseau, F 1981. Structure de Qohélet I 4–11 et plan du livre. *VT* 31, 200–217.

Rowley, H H 1963. *The Relevance of Apocalyptic: A Study of Jewish and Christian Apocalypses from Daniel to the Revalation*. London: Lutterworth Press.

Rowley, H H 1965. *Apokalyptik. Ihre Form und Bedeutung zur biblischen Zeit*. Einsiedeln: Benziger Verlag.

Rudman, D 1997a. A Contextual Reading of Ecclesiastes 4:13–16. *JBL* 116, 57–73.

Rudman, D 1997b. Woman as Divine Agent in Ecclesiastes. *JBL* 116/3, 411–427.

Rüger, H P 1970. *Text und Textform im hebräischen Sirach. Untersuchungen zur Textgeschichte und Textkritik der hebräischen Sirachfragmente aus der Kairoer Geniza*. (BZAW 112) Berlin: de Gruyter.

Russel, D S 1964. *The Method and Message of Jewish Apocalyptic.* (OTL) Philadelphia: The Westminster Press.

Saebø, M 1982. Art. יום, in *ThWAT* III, 559–586.

Saebø, M 1986. Art. סוף, in *ThWAT* V, 791–793.

Saebø, M 1988. Vom „Zusammen-Denken" zum Kanon. Aspekte der traditionsgeschichtlichen Endstadien des Alten Testaments, in Baldermann 1988: 115–133.

Saebø, M 1989. Art. עשר, in *ThWAT* VI, 446–452.

Saebø, M 1994. Old Testament Apocalyptic in its Relation to Prophecy and Wisdom. The View of Gerhard von Rad Reconsidered, in Jeppsen, Nielsen, et al 1994: 78–91.

Saldarini, A J 1975. Apocalyptic and Rabbinic Literature. *CBQ* 37, 348–358.

Saldarini, A J 1977. The Uses of Apocalyptic in the Mishna and Tosepta. *CBQ* 39, 396–409.

Saldarini, A J 1979. Apocalypses and "Apocalyptic" in Rabbinic Literature and Mysticism. *Semeia* 14, 187–205.

Saldarini, A J 1989. *Pharisees, Scribes and Sadducees in Palestinian Society*. Edinburgh: T.&T. Clark.

Salters, R B 1975. Qohelet and the Canon. *ET* 86, 339–342.

Salters, R B 1976. A Note on the Exegesis of Ecclesiastes 3:15b. *ZAW* 88, 419–

422.

Salters, R B 1978. Notes on the History of the Interpretation of Koh 5:5. *ZAW* 90, 95–101.

Salters, R B 1979. Notes on the Interpretation of Qoh 6:2. *ZAW* 91, 282–289.

Salyer, G D 2001. *Vain Rhetoric: Private Insight and Public Debate in Ecclesiastes*. (JSOTS 327) Sheffield: Sheffield Academic Press.

Sanders, E P 1983. The Genre of Palestinian Jewish Apocalypses, in Hellholm 1983: 447–459.

Sanders, J A 1992a. Art. "Canon," in *ABD* 1, 837–852.

Sanders, J A 1992b. The Dead Sea Scrolls and Biblical Studies, in M Fishbane & I Tov (eds), *Sha'arei Talmon: Studies in the Bible, Qumran and the Ancient Near East presented to Shemaryahu Talmon*, 323–336. Winona Lake: Eisenbrauns.

Sawyer, J F A 1975. The Ruined House in Ecclesiastes 12: A Reconstruction of the Original Parable. *JBL* 94, 519–531.

Schiffman, L H 1989. *The Eschatological Community of the Dead Sea Scrolls. A Study of the Rule of the Congregation.* (Society of Biblical Literature Monograph Series 38) Atlanta: Scholars Press.

Schiffman, L H 1991. Qumran and Rabbinic Halakhah, in Talmon 1991: 138–146.

Schiffman, L H 1994. *Pharisaic and Sadducean Halakhah in Light of the Dead Sea Scrolls: The Case of Ṭevul. Yom* (Dead Sea Discoveries 1,3), 285–299.

Schiffman, L H 1995. Origin and Early History of the Qumran Sect. *BA* 58, 37–48.

Schmid, H H 1996. *Wesen und Geschichte der Weisheit*. (BZAW 101) Berlin: de Gruyter.

Schmidt, W H 1977. Art. דבר, in *ThWAT* II, 89–133.

Schmidt, W H 1978. Art. אלהים, in *THAT* I, 153–167.

Schmithals, W 1973. *Die Apokalyptik. Einführung und Deutung.* Göttingen: Vandenhoeck & Ruprecht.（『黙示文学入門』土岐健治／江口再起／高岡清訳、教文館、1986。）

Schmitt, A 1979. Zwischen Anfechtung, Kritik und Lebensbewältigung. Zur theologischen Thematik des Buches Kohelet. *TThZ* 88, 114–131.

Schnackenburg, R 1994. Art. „Askese," in Bauer 1994: 55–57.

Schoors, A 1985. Koheleth: A Perspective of Life after Death? *EThL* 61, 295–303.

Schoors, A 1992. *The Preacher Sought to Find Pleasing Words: A Study of the Language of Qoheleth.* (Orientalia Lovaniensia Analecta 41) Leuven: Leuven University Press.

Schoors, A 1996. The Verb ראה in the Book of Qoheleth, in Diesel et al 1996: 227–241.

Schoors, A (ed) 1998a. *Qohelet in the Context of Wisdom* (BEThL 136), 205–224. Leuven: Leuven University Press.

Schoors, A 1998b. Words Typical of Qoheleth, in Schoors 1998a: 17–40.

Schöpflin, K 2014. Political Power and Ideology in Qohelet. *BN NF* 161, 19–36.

Schottroff, W 1964. *„Gedenken" im Alten Orient und im Alten Testament. Die Wurzel* זכר *im semitischen Sprachkreis.* (WMANT 15) Neukirchen-Vluyn: Neukichener.

Schreiner, J 1969. *Alttestamentlich-jüdische Apokalyptik. Eine Einführung.* München: Kösel.

Schreiner, J 1973a. Die apokalyptische Bewegung, in Maier & Schreiner 1973: 214–253.

Schreiner, J 1973b. Interpretation innerhalb der schriftlichen Überlieferung, in Maier & Schreiner 1973: 19–30.

Schreiner, J 1981. Gestalt und Botschaft apokalyptischen Redens von Gott – am Beispiel von Daniel 2, in H Merklein & E Zenger (Hrsg), *„Ich will euer Gott werden"* (SBS 100), 125–149. Stuttgart.

Schubert, K 1993. Die Religion der Qumranleute, in Bauer, Fink & Galter. 1993: 73–86.

Schubert, M 1989. *Schöpfungstheologie bei Kohelet.* (Beiträge zur Erforschung des Alten Testaments und des antiken Judentums 15) Frankfurt a.M.: Peter Lang.

Schultz, H J (Hrsg) 1966. *Kontexte,* Bd.3: Die Zeit Jesu, 51–58. Stuttgart-Berlin: Kreuz-Verlag.

Schunck, K D 1959. Drei Seleukiden im Buche Kohelet? *VT* 9, 192–201.

Schunck, K D 1977. Art. חלק, in *ThWAT* II, 1011–1014.

Schüpphaus, J 1984. Art. כסל, in *ThWAT* IV, 277–283.

Schwartz, D R 1992. Law and Truth: On Qumran-Sadducean and Rabbinic Views of Law, in Dimant & Rappaport 1992: 229–240.

Schweizer, H 1981. *Metaphorische Grammatik*. München.

Schweizer, H 1986. *Biblische Texte verstehen*, Stuttgart: Kohlhammer.

Schwienhorst-Schönberger, L 1994a. *„Nicht im Menschen gründet das Glück" (Koh 2,24): Kohelet im Spannungsfeld jüdischer Weisheit und hellenistischer Philosophie.* (Herders Biblische Studien, Bd.2) Freiburg: Herder.

Schwienhorst-Schönberger, L 1994b. Art. „Essen und Trinken," in Bauer 1994: 149–151.

Schwienhorst-Schönberger, L (Hrsg) 1997a. *Das Buch Kohetlet: Studien zur Struktur, Geschichte, Rezeption und Theologie.* (BZAW 254) 327–361. Berlin: Walter de Gruyter.

Schwienhorst-Schönberger, L 1997b. Kohelet: Stand und Perspektiven der Forschung, in Schwienhorst-Schönberger 1997a: 5–38.

Schwienhorst-Schönberger, L 1998a. Das Buch Kohelet, in E Zenger et al, *Einleitung in das Alte Testament* (KStTh 1,1), 336–344. Stuttgart: Kohlhammer.

Schwienhorst-Schönberger, L 1998b. Neues unter der Sonne. Zehn Jahre Kohelet-Forschung (1987–1997). *ThR* Nr.4, Jahrgang 94, 363–376.

Schwienhorst-Schönberger, L 1998c. Via media: Koh 7,15–18 und die griechisch-hellenistische Philosophie, in Schoors 1998a: 181–204.

Seebaß, H 1973. Art. אחרית, in *ThWAT* I, 218–228.

Seow, C L 1996. Linguistic Evidence and the Dating of Qohelet. *JBL* 115, 643–666.

Seybold, K 1977. Art. הבל, in *ThWAT* II, 334–343.

Seybold, K 1982. Art. חשׁב, in *ThWAT* III, 243–261.

Sheppard, G T 1977. The Epilogue to Qoheleth as Theological Commentary. *CBQ* 39, 182–189.

Sheppard, G T 1980. *Wisdom as a Hermeneutical Construct: A Study in the Sapientializing of the Old Testament.* (BZAW 151) Berlin: de Gruyter.

Silberman, L H 1962. Unriddling the Riddle: A Study in the Structure and Language of the Habakkuk Pesher (1QpHab.). *RdQ* 3, 323–364.

Skehan, P W & Di Lella, A A 1987. *The Wisdom of Ben Sira. A New*

Translation with Notes, (AB 39) New York: Doubleday.

Slomovic, E 1969. Toward an Understanding of the Exegesis in the Dead Sea Scrolls. *RdQ* 7, 3–15.

Smend, R 1977. Essen und Trinken – ein Stück Weltlichkeit des Alten Testaments, in H Donner et al (Hrsg), *Beiträge zur Alttestamentlichen Theologie (FS. W. Zimmerli)*, 446–459. Göttingen: Vandenhoeck & Ruprecht.

Snijders, L A & Fabry, H-J 1984. Art. מלא, in *ThWAT* IV, 876–887.

Spangenberg, I J J 1996. Irony in the Book of Qohelet. *JSOT* 72, 57–69.

Spangenberg, I J J 1998. A Century of Wrestling with Qohelet: The Research History of the Book Illustrated with a Discussion of Qoh 4,17–5,6, in Schoors 1998a: 61–92.

Spieckermann, H 1998. Suchen und Finden. Kohelets kritische Reflexionen. *Bib* 79, 305–332.

Stähli, H-P 1978. Art. ירא, in *THAT* I, 765–778.

Steck, O H 1981. Überlegungen zur Eigenart der spätisraelitischen Apokalyptik, in Jeremias & Perlitt 1981: 301–315.

Stegemann, E W & Stegemann, W 1995. *Urchristliche Sozialgeschichte. Die Anfänge im Judentum und Christusgemeinde in der mediterranean Welt*. Stuttgart: Kohlhammer.

Stegemann, H 1983. Die Bedeutung der Qumranfunde für die Erforschung der Apokalyptik, in Hellholm 1983: 495–530.

Stegemann, H 1993. *Die Essener, Qumran, Johannes der Täufer und Jesus. Ein Sachbuch*, Freiburg: Herder.

Stemberger, G 1972. Das Problem der Auferstehung im Alten Testament. *Kairos* 14, 273–290. = ders. 1990. *Studien zum rabbinischen Judentum* (SBA 10), 19–45. Stuttgart: Verlag Katholisches Bibelwerk.

Stemberger, G 1990. Das Fortleben der Apokalyptik in der rabbinischen Literatur, in A Vivian (Hrsg), *Biblische und judaistische Studien (FS. P. Sacchi)*, 335–347. Frankfurt a.M.: Peter Lang.

Stemberger, G 1991. *Pharisäer, Sadduzäer, Essener* (Stuttgarter Bibelstudien 144). Stuttgart: Verlag Katholisches Bibelwerk.

Stemberger, G 1992. *Einleitung in Talmud und Midrasch.* München: C. H. Beck.

Stendebach, F J 1989. Art. ענה, in. *ThWAT* VI, 233–247.

Stern, M 1978. Die Zeit des Zweiten Tempels, in H H Ben-Sasson (Hrsg), *Geschichte des jüdischen Volkes,* Bd.I: Von den Anfängen bis zum 7. Jahrhundert. München: C. H. Beck.

Steudel, A 1995. אחרית הימים in the Texts from Qumran. *RdQ* 16, 225–246.

Stiglmair, A 1974. Weisheit und Jahweglaube im Buch Kohelet. *TThZ* 83, 257–283. 339–368.

Szörényi, A 1965. Das Buch Daniel, ein kanonisierter Pescher? *VTS* 15, 278–294.

Talmon, S 1964. Aspects of the Texual Transmission of the Bible in the Light of Qumran Manuscripts, in idem (ed), *Textus: Annual of the Hebrew University Bible Project*, Vol.IV, 95–132. Jerusalem.

Talmon, S 1966. The "Desert Motif" in the Bible and in Qumran Literature, in A Altmann (ed), *Biblical Motifs, Origins and Transformations*, 31–63. Cambridge: Harvard University Press.

Talmon, S 1980. Eschatologie und Geschichte im biblischen Judentum, in R Schnackenburg (Hrsg), *Zukunft. Zur Eschatologie bei Juden und Christen*, 13–50. Düsseldorf: Patmos Verlag.

Talmon, S (ed) 1991. *Jewish Civilization in the Hellenistic-Roman Period* (JSPE.S 10), 147–158. Sheffield: JSOT Press.

Talmon, S 1993. Art. קץ, in *ThWAT* VII, 84–92.

Tcherikover, V 1959. *Hellenistic Civilization and the Jews,* tr. by S Applebaum. Philadelphia: Jewish Publication Society of America.

Tigay, J H 1983. An Early Technique of Aggadic Exegesis, in H Tadmor & M Weinfeld (eds), *History, Historiography and Interpretation: Studies in Biblical and Cuneiform Literatures,* 169–189. Jerusalem: Magnes Press.

Tita, H 1996. Ist die thematische Einheit Koh 4,17–5,6 eine Anspielung auf die Salomoerzählung? Aporien der religionskritischen Interpretation. *BN* 84, 87–102.

Trevor, J C 1985. The Book of Daniel and the Origin of the Qumran Community. BA 48, 89–102.

Tsevat, M 1977. Art. חלק, in *ThWAT* II, 1015–1020.

Ulrich, E 1992. Ezra and Qoheleth Manuscripts from Qumran (4QEzra, 4QQoh), in idem et al (eds), *Priests, Prophets and Scribes: Essays on the*

Formation and Heritage of Second Temple Judaism in Honour of J. Blenkinsopp. (JSOTS 149), 139–157. Sheffield: JSOT Press.

VanderKam, J C 1994. *The Dead Sea Scrolls Today*. Grand Rapids: Eerdmans.（『死海文書のすべて』秦剛平訳、青土社、1995。）

Van der Woude, A S (ed) 1993. *The Book of Daniel in the Light of New Findings.* (BEThL 106). Leuven: Leuven University Press.

Van der Woude, A S 1995. Wisdom at Qumran, in Day, Gordon & Williamson 1995: 244–256.

Van Goudoever, J 1993. Time Indications in Daniel that Reflect the Usage of the Ancient Theological So-Called Zadokite Calendar, in Van der Woude 1993: 533–538.

Van Oorschot, J 2008. König und Mensch. Biographie und Autobiographie bei Kohelet und in der alttestamentlichen Literaturgeschichte, in Berlejung & Heckl 2008: 109–122.

Vanoni, G 1993. Art. שׂמח, in *ThWAT* VII, 808–822.

Verheij, A 1991. Paradise Retried: On Qohelet 2.4–6. *JSOT* 50, 113–115.

Vermes, G 1981. Die Schriftauslegung in Qumran in ihrem historischen Rahmen, in K E Grözinger (Hrsg), *Qumran* (WdF 410), 185–200. Darmstadt: Wissenschaftliche Buchgesellschaft.

Vermes, G 1987. Biblical Studies and the Dead Sea Scrolls 1947–1987. Retrospects and Prospects. *JSOT* 39, 113–128.

Vermes, G 1994. The Present State of Dead Sea Scrolls Research. *JJS* 45, 101–110.

Vielhauer, P 1964. Die Apokalyptik, in E Hennecke und W Schneemelcher (Hrsg), *Neutestamentliche Apokryphen in deutscher Übersetzung*, Bd.II, 407–425. Tübingen.

Von der Osten-Sacken, P 1969. *Die Apokalyptik in ihrem Verhältnis zu Prophetie und Weisheit.* (Theologisches Existenz heute 157) München: Chr. Kaiser.

Vries, S J de 1978. Obervations on Quantitative and Qualitative Time in Wisdom and Apocalyptic, in Gammie, Brueggemann, et al 1978: 263–276.

Wächter, L 1989. Art. עפר, in *ThWAT* VI, 275–284.

Wagner, M 1984. Art. קץ, in *THAT* II, 659–663.

Wagner, S 1984. Art. מצא, in *ThWAT* IV, 1043–1063.
Waldman, N M 1979. The Dābār Ra of Eccl. 8:3. *JBL* 98, 407f.
Warmuth, G 1993. Art. שׂבע, in *ThWAT* VII, 693–704.
Weeks, S 2012. *Ecclesiastes and Scepticism*. (JSOTS 541) New York: T.&T. Clark.
Weiß, H-F 1996. Art. „Pharisäer," in *TRE* 26, 473–481.
Weißflog, K 2006. Worum geht es in Kohelet 8,10? *BN* 131, 39–45.
Westermann, C 1991. *Forschungsgeschichte zur Weisheitsliteratur 1950–1990*. (Arbeiten zur Theologie 71) Stuttgart: Calwer Verlag.
Whitley, C F 1979. *Koheleth. His Language and Thought.* (BZAW 148) Berlin: de Gruyter.
Whitley, C F 1982. A Reply to Dr. S. C. Reif. *VT* 32, 344–346.
Whybray, R N 1978. Qohelet the Immoralist? (Qoh.7:16–17), in Gammie, Brueggemann, et al. 1978: 191–204.
Whybray, R N 1981. The Identification and Use of Quotations in Ecclesiastes, in *Congress Volume, Vienna 1980* (*VTS* 32), 435–451. Leiden: Brill.
Whybray, R N 1982. Qoheleth, Preacher of Joy. *JSOT* 23, 87–98.
Whybray, R N 1988. Ecc. 1,5–7 and the Wonders of Nature. *JSOT* 41, 105–112.
Whybray, R N 1989. *Ecclesiastes*. (Old Testament Guides) Sheffield: JSOT Press.
Whybray, R N 1990. The Sage in the Israelite Royal Court, in Gammie & Perdue 1990: 133–139.
Whybray, R N 1998. Qoheleth as a Theologian, in Schoors 1998a: 239–266.
Williams, J G 1971. What Does it Profit a Man?: The Wisdom of Koheleth. *Judaism* 20, 179–193.
Willi-Plein, I 1977. Das Geheimnis der Apokalyptik. *VT* 27, 62–81.
Willmes, B 2000. *Menschliches Schicksal und ironische Weisheitskritik im Koheletbuch. Kohelets Ironie und die Grenzen der Exegese.* Neukirchen-Vluyn: Neukirchener.
Wilson, G H 1984. "The Words of the Wise": The Intent and Significance of Qohelet 12:9–14. *JBL* 103, 175–192.
Witzenrath, H 1979. *Süß ist das Licht....Eine literaturwissenschaftliche Untersuchung zu Kohelet 11,7–12,7.* (ATSAT 11) St. Ottililen: Eos.

Wölfel, E 1958. *Luther und die Skepsis. Eine Studie zur Kohelet-Exegese Luthers*. München: Chr. Kaiser Verlag.

Wolff, H W 1984. *Anthropologie des Alten Testaments.* München: Chr. Kaiser Verlag.（『旧約聖書の人間論』大串元亮訳、日本キリスト教団出版局、1983。）

Wolters, A 1991. Untying the King's Knots: Physiology and Wordplay in Daniel 5. *JBL* 110, 117–122.

Wright, A G 1968. The Riddle of the Sphinx: The Structure of the Book of Qoheleth. *CBQ* 30, 313–334.

Wright, A G 1980. The Riddle of the Sphinx Revisited: Numerical Patterns in the Book of Qoheleth. *CBQ* 42, 38–51.

Wright, A G 1983. Additional Numericall Patterns in Qoheleth. *CBQ* 45, 32–43.

Wright, A G 2015. Ecclesiastes 9:1–12: An Emphatic Statement of Themes. *CBQ* 77, 250–262.

Zenger, E 1973. Die späte Weisheit und das Gesetz, in Maier & Schreiner 1973: 43–56.

Zimmer, T 1999. *Zwischen Tod und Lebensglück.* (BZAW 286) Berlin: de Gruyter.

Zimmerli, W 1933. Zur Struktur der alttestamentlichen Weisheit. *ZAW* 51, 177–204.

Zimmerli, W 1964. The Place and Limit of the Wisdom in the Framework of the Old Testament Theology. *Scottish Journal of Theology* 17, 146–158.

Zimmerli, W 1974. Das Buch Kohelet – Traktat oder Sentenzensammlung? *VT* 24, 221–230.

Zimmerli, W 1983. „Unveränderbare Welt" oder „Gott ist Gott"? Ein Plädoyer für die Unaufgebbarkeit des Predigerbuches in der Bibel, in H G Geyer, J M Schmidt, et al (Hrsg), *Wenn nicht jetzt, wann dann? (FS. H.-J. Kraus)*, 103–114. Neukirchen-Vluyn: Neukirchener.

小友　聡（おとも・さとし）

1956年生まれ。1986年東京神学大学大学院修士課程修了。1994–99年、ドイツ・ベーテル神学大学留学（神学博士）。現在、東京神学大学教授、日本基督教団中村町教会牧師。

著書：Kohelet und die Apokalyptik、『コヘレトの言葉を読もう――「生きよ」と呼びかける書』（日本キリスト教団出版局）ほか。

訳書：T. E. フレットハイム『現代聖書注解　出エジプト記』（日本キリスト教団出版局）、W. P. ブラウン『現代聖書注解　コヘレトの言葉』（同）、C. B. シンクレア『現代聖書注解スタディ版　創世記』（同）、W. ブルッゲマン『旧約聖書神学用語辞典　響き合う信仰』（同、共監訳）ほか。

VTJ 旧約聖書注解

コヘレト書

2020年3月25日　初版発行
2022年4月25日　3版発行

著　者　小　友　聡
発　行　日本キリスト教団出版局
〒169－0051　東京都新宿区西早稲田2－3－18
電話・営業 03（3204）0422、編集 03（3204）0424
https://bp-uccj.jp

印刷・製本　精興社

ISBN 978－4－8184－1057－2　C1316　日キ販
Printed in Japan